KB113660

MCN
비즈니스와
콘텐츠 에볼루션

MCN
비즈니스와
콘텐츠 에볼루션

플랫폼 레볼루션과 미디어 빅뱅 🔍

금준경 지음

북카라반
CARAVAN

'이것'은 이미 우리 삶에 깊숙이 들어와 있다. 검색을 위해 포털사이트에 들어가도, 친구 소식 알아보려 페이스북 타임라인을 내려도, 뮤직비디오를 보러 유튜브를 켜도, 인터넷 공간 곳곳에서 우리는 이전에는 없던 새로운 콘텐츠를 매일 발견하고 시청한다. 미용실, 버스, 의류 브랜드 매장에서 스치는 디스플레이에서도 찾아볼 수 있다.

이것을 'MCN'이라고 한다. 좁은 의미로 '다중 채널 네트워크', 크리에이터들을 관리하는 매니지먼트형 업체와 그 비즈니스를 가리키는 말이지만 현재는 '모바일 콘텐츠 네트워크'나 '멀티 콘텐츠 네트워크'라는 의미로도 쓰인다. '디지털 콘텐츠', '넥스트 미디어' 등으로 불리기도 한다. 분명한 건 TV나 라디오나 신문에 갇히지 않은, 이전에는 없었던 새로운 콘텐츠가 등장했다는 사실이다.

나는 『미디어오늘』 기자다. 『미디어오늘』을 '미디어 비평지' 또는 '미디어 전문지'로서 미디어의 작동방식과 이면의 담합, 음습한 거래를 폭로하고 비판하는 역할을 하는 매체로 생각하고 입사했다. 매우 중요한 역할이지만, 그 외에 다른 역할이 있다는 사실을 입사 후에 알게 되었다. 오늘날처럼 미디어 환경이 급변하는 때 '미디어의 내일'을 전망하고 시장구조와 정책을 고민하는 일이다.

계기가 무엇이라고 잘라 말하기는 힘들지만, 2016년 여름 여러 일을 겪으며 'MCN 분야를 집중적으로 취재해야겠다'는 생각을 하게 되었다. 당시 이정환 편집국장(현 『미디어오늘』 대표)은 메신저 편집국 단체방에 "방송 시장 문법이 달라지고 있고, 오디언스들이 옮겨가고 있는 건 사실이니 관심 갖고 지켜보라"며 기자들을 닦달(?)했다. 2016년 8월 말에 열린 『미디어오늘』 '저널리즘의 미래' 컨퍼런스에서 조영신 SK경제경영연구소 수석연구위원은 한국에서 찾아보기 힘든 '미디어 혁신'이 MCN을 중심으로 일어나게 되었다며 그들에게 감사하다는 말을 전했다. 그해 9월 초 MCN협회 세미나에선 200명 정원 행사에 400명이 넘는 인원이 몰렸다. 바닥에 앉아 노트북을 펼치며 이 시장에 대한 뜨거운 관심을 체감했다.

처음이라 잘 모르니 분석기사나 해설기사를 쓸 능력은 없었다. 그래서 인터뷰를 통한 공부를 시작했다. 마침 출간된 『MCN 백만 공유 콘텐츠의 비밀』의 저자 이은영 SMC TV 부사장(현 아샤그룹 대표)을 만나 궁금한 점들을 물어보았다. 전통 미디어 취재에 강한 『미디어오늘』이라 SBS부터 연락해 박재용 모비딕 팀장을 만나고 〈양세형의 숏터뷰〉 촬영 현장도 취재했다. 이어 KBS, CJ E&M을 비롯한 전통 미디어 사업자의 혁신전략과 디지털 콘텐츠 제작사들의 '틈새전략', 브랜디드 콘텐츠 제작사들의 '광고와 콘텐츠의 균형을 맞추는 노하우', 그리고 키즈·뷰티·교육·ASMR 등 '주목받는' 또는 '주목할 만한' 크리에이터들을 만나 그들의 시행착오를 연재했다. 이 책 2부는 이 인터뷰를 토대로 최신 내용을 반영하고 표현을 다듬은 결과물이다.

1부는 워밍업 차원에서 MCN 시장에 관한 설명을 담고 사업자들의 고민과 시행착오, 쟁점 등을 정리했다. 크리에이터 지망생, 디지털 콘텐츠 제작사 입사준비생, 투자자 등 시장에 관심을 갖고 있는 누구에게든 도움이 될 수 있도록, 다양한 관점과 인사이트를 담으려 노력했다.

최근 들어 "시장의 거품이 꺼지는 거 아니냐"는 위기론이 나오고 있다. 대규모 투자를 받은 몇몇 업체가 휘청거린다는 보도도 나온다. 아직은 어려운 게 사실이다. 인터뷰를 하면서도 '이렇게 하면 수익이 난다'고 명쾌하게 답변하는 사람은 드물었다.

그러나 흐름이 이쪽 방향이라는 점은 분명하다. 유튜브를 보고 자라는 지금의 어린아이들이 성인이 된 이후 맞이할 패러다임의 변화는 피할 수 없다. 발걸음이 더디긴 하지만 B급, C급 취급받던 디지털 콘텐츠가 어느새 시장의 '중앙'까지 흔들고 있는 것은 사실이다. 시장이 좁고 수익성이 취약하기 때문에 어느 나라 시장보다 절실하고 또 기발한 노력이 이어지기도 한다. 이 책은 힘든 여건 속에서도 선두에 서서 시행착오를 겪으며 조금씩 전진하는 이들에 관한 기록이다.

이 책은 나만의 책이 아니다. 인터뷰에 흔쾌히 응해주신 분들의 노력을 정리하고 전달한 것이다. 취재와 집필 과정에서 조영신 SK경제

경영연구소 수석연구위원과 유진희 MCN협회 사무국장의 발제와 토론, 인터뷰, 페이스북을 통해 해준 말이 많은 도움이 되었다. 『미디어오늘』 이정환 대표와 정철운 부장은 새로운 분야를 취재하는 과정에서 자극을 주고 또 격려해주었고, 북카라반은 이 책을 출판하는 좋은 기회를 주었다. 늘 응원해주는 아버지, 어머니, 누나에게도 감사하다는 말을 꼭 전하고 싶다.

2017년 8월

금준경

제1부

넥스트
미디어의
탄생

변방의 혁신:
〈하우스 오브 카드〉는 없지만

하얀색 도화지에 연필로 밑그림이 그려진다. 디즈니 만화 캐릭터들이 살아 숨 쉬며 뛰놀기 시작한다. 어린 시절, 일요일 아침마다 늦잠을 못 자게 했던 추억의 텔레비전 애니메이션 〈디즈니 만화동산〉의 오프닝이다. 꾸벅꾸벅 졸면서도 정말 열심히 보았기 때문인지 20년도 더 지났지만 아직도 생생하다. 한정된 몇몇 시간대를 빼놓고는 어린이가 볼 만한 프로그램이 없었던 시절, 나를 위한 얼마 안 되는 황금시간대였다.

요즘 아이들은 〈디즈니 만화동산〉을 보려고 이른 아침부터 잠과 싸우지 않아도 된다. 그들에게는 유튜브라는 훌륭한 대체물이 생겼다. 식당이나 기차에서 아이들이 부모의 스마트폰으로 유튜브를 시청하는 모습은 흔히 볼 수 있다. 진행자가 장난감을 갖고 노는 모습을 보거나 동요를 따라 부른다. 어릴 때부터 디지털 기기 사용이 익숙한 요즘 어린 세대에게는 기성세대와 확연히 다른 콘텐츠 소비 습관이 자리 잡았다.

미래의 주축이 될 어린 세대에게 유튜브는 각별하다. 2016년 구글 코리아의 연간 영상 조회 수 랭킹 기사를 쓸 때 1위를 보고 의아했다. 국내 조회 수 1위가 생소했기 때문이다. 교육 콘텐츠 브랜드 '핑크퐁'이 제작한 〈상어 가족 외 43곡 인기동요 모음집〉이었다. 댄스곡 스타일의 동요에 애니메이션 영상이 곁들여진 콘텐츠였다. 3위는 애니메이션 캐릭터 콩순이가 등장하는 〈콩순이의 율동교실 인기 7곡 모음〉, 7위는 〈캐리와 장난감 친구들〉이 차지했다.

흥미로운 점은 새로운 미디어 환경에 맞는 인기 콘텐츠를 방송사나 방송 프로덕션, 애니메이션 제작사에서 만들지 않았다는 사실이다. 일본이나 미국의 유명 애니메이션 제작사가 만든 콘텐츠에만 열광했던 우리 세대가 보기에 선뜻 이해하기 어려웠다. 유튜브 방송은 기성 미디어의 콘텐츠에 비하면 조악해 보였기 때문이다.

이처럼 시장의 변화를 머리로는 이해하면서도 가슴으로는 와닿지 않았을 때 듣게 된 '고백'은 이 분야를 취재하게 된 여러 계기 중 하나였다. 2016년 조영신 SK경제경영연구소 수석연구위원은 『미디어오늘』 '저널리즘의 미래' 컨퍼런스 발표 때 PPT 첫 화면에 '고백'이라는 두 글자를 띄웠다. 그의 첫마디는 "고맙습니다"였다. 이 땅의 MCN 사업자들과 크리에이터들에게 고맙다고 고백한 것이다.

"넷플릭스와 달리 한국 시장은 모바일에 갇혔고, 텔레비전을 못 넘어섰다. 바다 건너 시장에서 혁신이 진행되었다면, 한국에서는 혁신이 죽어버렸다. MCN 사업자들은 누구의 도움도 받지 않고 주류 시장이 버리고 포용하지 못했던 사람들을 위한 콘텐츠를 만들었다."

복잡한 시장의 맥락을 완전히 이해한 것은 아니지만, 당시 내가 받아들인 내용을 정리하면 이렇다. 미디어가 지속 가능하려면 변화한 기술에 맞추어야 하고, 새로운 젊은 독자를 찾고, 이들에게 맞는 콘텐츠를 고민해야 한다. 이 과정에서 이전에는 시도되지 않았던 참신한 콘텐츠가 등장한다. 이를 '혁신'이라고 한다.

미국에서는 플랫폼 주도의 혁신이 일어났다. 최근 〈옥자〉로 한국에서도 주목받기 시작한 넷플릭스는 혁신을 이끈 세계적인 동영상 스트리밍 업체다. 한국을 포함한 190개국에 진출해 2017년 4월 기준 전체 가입자 수 9,875만 명을 보유하고 있다. 그 정도로 영향력이 막강하다. 넷플릭스의 강점은 같은 서비스를 모바일, PC, 텔레비전에서 연속적으로 볼 수 있는 'N스크린' 서비스라는 점이다. 그리고 다른 플랫폼과 달리 '오리지널 콘텐츠'를 자체 제작한다. 모건스탠리가 2016년에 발표한 조사를 보면, 미국 이용자의 45퍼센트가 오리지널 콘텐츠 때문에 넷플릭스에 가입했다고 한다.

넷플릭스라는 플랫폼의 혁신은 미국의 방송 사업자들에게도 영향을 미쳤고 기술 혁신과 더불어 이용자를 끌기 위한 '오리지널 콘텐츠' 경쟁을 유도했다. 플랫폼의 혁신과 이로 인한 경쟁이 콘텐츠의 혁신으로 이어진 것이다.

그러나 한국의 상황은 달랐다. 넷플릭스 같은 혁신적 사업자는 좀처럼 등장하지 않았다. 이 시장의 끝판왕 격인 통신사와 방송사들은 혁신적인 서비스를 만들지 못했다. 통신사는 옥수수, 올레TV 모바일, 비디오 포털사이트 등 동영상 스트리밍 서비스를 선보였음에도 모바일을 뛰어넘지 못한 채 갇혀 있었다. 방송 사업자들은 브라운관 밖에서 새로운 시도에 나서길 주저한 채 디지털 환경을 텔레비전 방송 VOD 서비스 공간으로만 사용했다.

플랫폼이 정체된 곳에서 콘텐츠는 힘을 잃는다. 새로운 세대가 아닌 기성세대를 타깃으로 콘텐츠를 만들고, 과감한 실험 대신 자기 복제와 변주가 반복된다. 최근 KBS의 대표 예능 프로그램 〈해피투게더〉는 김용만, 지석진, 박수홍, 김수용 등 과거 인기를 누렸던 개그맨들을 기용해 10년 전 유행했던 '쿵쿵따' 같은 추억의 게임을 다시 하는 코너를 선보였다. 요즘 반복적으로 등장하는 '복고 포맷'이다. 새로운 콘텐츠도 새롭지 않았다. 지상파와 유료 방송 전역에 걸친 '먹방 프로그램', '오디션 프로그램', '육아 프로그램' 등 비슷비슷한 콘텐츠의 범람에 시청자들은 지겨워한다. 취향에 맞는, 젊은 세대에 맞는 콘텐츠에 대한 갈증이 있었지만, 기존 사업자들은 그것을 채워주지 못했다.

이 빈틈을 변방의 크리에이터와 디지털 콘텐츠 업체가 채우기 시작했다. 넷플릭스의 오리지널 콘텐츠는 없었지만, 토이몬스터와 캐리는 영유아를 위해 장난감을 갖고 노는 콘텐츠를 만들었다. 샌드박스네트워크는 9~12세 아이들이 좋아하는 게임 마인크래프트로 상황극 형식의 콘텐츠를 제작했다. 메이크어스의 모바일 브랜드 '딩고'는 23세 여성을 타깃으로 콘텐츠를 만들었고, 72초TV는 사회초년생을 대상으로 이전과는 다른 새로운 콘텐츠를 선보였다.

이들의 콘텐츠를 혁신이라고 하는 이유는 단순히 기존 미디어의

'사각지대'를 채웠기 때문만은 아니다. 독자 맞춤형 '취향 저격' 콘텐츠를 위해 소통하고, 피드백하고, 분석했다는 점이 기존 사업자와 달랐다. 100만 명이 넘는 구독자를 확보한 게임 크리에이터 도티는 "우리 팬들은 〈무한도전〉이나 〈런닝맨〉보다도 도티 콘텐츠를 좋아한다"고 자부했다.

"10대들이 텔레비전을 보지 않는 이유는 부모님이 리모컨을 잡거나 자신의 방에 텔레비전이 없어서가 아니다. 주류 미디어가 10대를 외면했기 때문이다. 유튜브에 올라오는 크리에이터들의 콘텐츠는 10대들을 사로잡았다. 모바일과 함께 자란 세대가 좋아하는 이야기를 하고, 그들의 감성에 맞는 것이 바로 모바일 콘텐츠다."

변방에서 시작한 새로운 흐름은 전통 미디어 시장에도 영향을 미쳤다. KBS, SBS, JTBC 등 전통 미디어 사업자들이 1020세대에 맞는 콘텐츠를 제작하고 유통하도록 '자극'을 준 것이다. 글랜스TV나 와이낫미디어의 콘텐츠가 방송으로 다시 편성되기도 하고, MBC 〈마이 리틀 텔레비전〉, 〈세모방: 세상의 모든 방송〉 등 인터넷 방송을 모티브로 한 텔레비전 프로그램도 생겨났다.

이제 이 변방은 하나의 시장이 되었다. 최근 웹·모바일 드라마 제작사 72초TV에서 직원을 채용할 때 1,000명이나 지원했다고 한다. 대기업이나 메이저 언론사 부럽지 않은 규모다. 다이아TV 소속 크리에이터들이 출연해 공연과 전시를 선보이는 다이아TV 페스티벌에는 1회 3만 명, 2회 4만 명의 인파가 몰려 아이돌 가수 못지않은 영향력을 드러냈다.

물론 장밋빛 전망만 제시할 수 있는 것은 아니다. 지금도 시장은 어려움을 겪고 있고, 앞으로도 성장통이 뒤따를 것이다. 하지만 이 시장이 콘텐츠 혁신의 바람을 불러왔고, 앞으로 그 바람이 커질 것이라는 점에서 주목할 이유는 충분하다.

2017년 시장 지도:
누가 무엇을 만들고 있을까?

MCN(Multi Channel Network, 다중 채널 네트워크)은 여전히 사람들에게 낯선 표현이다. 미국에서 유튜브를 통해 콘텐츠를 기획하고 제작하는 크리에이터가 생겨나고 시장이 형성되자, 연예 기획사와 비슷하게 이들의 '채널'을 체계적으로 관리하는 매니지먼트 사업이 활성화되었다. MCN은 이 사업 형태를 가리키는 말이다.

현재는 전통 미디어 이외의 영역에서 생산되는 콘텐츠 전반을 아우르는 개념으로 쓰인다. SBS '모비딕'이나 메이크어스의 '딩고'처럼 크리에이터가 중심이 아니더라도 모바일이나 디지털 환경에 특화된 콘텐츠를 포함한다. 따라서 업계에서는 MCN이라는 표현을 살리면서 의미를 확장해 '멀티 콘텐츠 네트워크'나 '모바일 콘텐츠 네트워크'로 부르기도 한다. 이 책에서는 MCN의 넓은 의미를 포괄하되, 맥락에 따라 '디지털 콘텐츠'로도 표기해 크리에이터 중심이 아닌 사업 형태의 차이를 구분한다.

크리에이터

크리에이터는 UCC 스타에서 시작한다. 이용자가 직접 영상을 기획하고 제작하는 UCC가 주목받으면서 콘텐츠 제작자들이 연예인처럼 인기를 끌고 많은 돈을 벌게 되었다. 그러자 크리에이터라는 명칭이 붙고 MCN이 산업으로서 자리매김하게 되었다.

다이아TV 크리에이터들. UCC가 주목받으면서 콘텐츠 제작자들이 연예인처럼 인기를 끌고, 크리에이터라는 명칭이 붙었다.

디지털 독자들의 '취향 저격'을 위해 어떤 선수들이 뛰고 있을까? 국내에서는 게임, 뷰티, 키즈, 예능 분야 크리에이터들이 두각을 나타낸다. 명실상부 가장 유명한 크리에이터는 '대도'로 불리는 대도서관이다. 아프리카TV 게임 방송을 통해 이름을 알린 그는 게임을 잘하는 모습을 보여주기보다 '예능적 요소'를 가미한 전개로 흥미를 유발하는 점이 특징이다. 어린이와 청소년들이 열광하는 게임 마인크래프트를 활용한 방송으로 인기를 끄는 크리에이터도 적지 않다. 대표적인 크리에이터가 도티와 잠뜰, 양띵이다.

뷰티 분야는 주로 화장품을 소개하고 화장법을 알려준다. 타깃 연령대에 따라 브랜드 선택이 달라지며 크리에이터들은 자신만의 화장법을 연구하기도 한다. 세부 분야로는 제품 사용기인 '리뷰', 특정 주제를 잡고 화장을 시연하는 '튜토리얼', 물건을 사서 보여주고 설명하는 '하울' 등이 있다. 크리에이터로는 씬님, 라뮤끄, 깐나, 회사원A, 김닥스, 이사배 등이 활약하는데, 뷰티 전문 MCN 기업 레페리가 국내외에서 크리에이터들을 육성하고 있다. 개그맨 김기수와 아이돌 가수 지숙도 뷰티 크리에이터로 활동하며 주목받고 있다.

키즈 분야는 말 그대로 '아이들을 위한 콘텐츠'다. 사람이 등장하지 않고 대사도 나오지 않으며 장난감 놀이만 보여주는 토이몬스터는 1~2세에게 인기가 많다. 3세부터 초등학교 저학년까지는 캐리소프트와 캐리소프트에서 최근 독립한 헤이지니(강혜진)의 콘텐츠가 인기를 끌고 있다. 이들의 콘텐츠는 언박싱(unboxing, 새 제품을 구매해서 개봉하는 과정)이라는 분야로 장난감을 풀고 갖고 노는 모습을 보여주는 방식이다. 어린이 크리에이터들의 활약도 눈에 띈다. 애니메이션 감독 출신 길기홍과 자녀 길라임이 함께하는 '라임튜브'나 초등학생 크리에이터 마이린이 등장하는 마이린TV도 주목을 받는다.

예능 분야는 실험 콘텐츠 중심이다. 비디오빌리지 대표 크리에이터 조섭의 〈섭이는 못말려〉는 '라면 갈아 수제비 만들기', '얼린 기름에 불붙이기' 등 흥미를 유발하는 실험을 보여준다. 조섭은 실험 영상을 제작하는 안재억, 영상을 완전히 다른 상황처럼 더빙하는 콘텐츠를 만들어 재미를 주는 유준호와 함께 '억섭호'로 활동하기도 한다. 대표적인 실험 크리에이터인 허팝은 최근 인기를 끄는 '방 탈출 게임'을 콘텐츠로 제작해 독자들과 함께 추리하며 '명탐정 코난'이 된 듯한 몰입감을 준다.

먹방은 예능 분야의 한 갈래에서 시작해 독보적인 분야로 자리매

〈영국남자〉에서 삼겹살을 먹는 장면. 먹방은 예능 분야의 한 갈래에서 시작해 독보적인 분야로 자리 잡았다. 이 콘텐츠에서 먹방은 매회 등장하는데, 영국인들이 삼겹살이나 홍어 같은 한국 음식을 먹고 반응하는 모습을 보여준다.

김했다. 많이 먹거나 맛있게 먹는 방식으로 이목을 끄는 방식이다. 밴쯔와 소프는 대표적인 먹방 크리에이터로 밴쯔는 먹방을 찍기 위해 온종일 운동하는 것으로 유명하다. 영국남자 조쉬의 콘텐츠에도 먹방은 매회 등장한다. 영국인들이 삼겹살, 치킨, 홍어 같은 한국 음식을 먹고 반응하는 모습을 보여준다.

이외에도 다양한 이색 분야가 있다. ASMR(Autonomous Sensory Meridian Response, 자율감각쾌락반응)은 신경을 자극하는 소리로 콘텐츠를 만든다. 긁는 소리, 머리 빗는 소리, 물건을 구기는 소리, 음식을 씹는 소리, 두드리는 소리, 바람 부는 소리, 연필 사각거리는 소리. 속삭이는 소리 모두가 콘텐츠가 된다. 운동법을 알려주거나 요리를 선보이거나 동영상 제작법을 알려주거나 프라모델을 리뷰하는 크리에이터도 있다.

MCN 업체

크리에이터가 UCC 시대에 탄생한 새로운 스타라면 크리에이터들을 관리하는 MCN 업체는 연예 기획사에 비유할 수 있다. MCN 업체는 크리에이터들의 콘텐츠 전략 수립 및 유통을 지원하고 광고 영업을 맡는다.

국내 MCN 업체는 문화 산업의 강자인 CJ E&M의 MCN 기업 다이아TV 1강 구도가 뚜렷하다. 일찌감치 사업에 뛰어든 CJ E&M은 대도서관, 헤이지니, 씬님, 회사원A, 밴쯔, 소프 같은 유명 크리에이터들을 가장 많이 보유했을 뿐 아니라 소속 크리에이터만 1,200팀에 달한다. CJ E&M 출신들이 독립해서 만든 트레져헌터 역시 대규모 MCN 업체다. 양띵, 악어, 김이브 등이 포진해 있으며 150여 팀의 크리에이터가 있다.

다이아TV와 트레져헌터가 백화점식으로 크리에이터를 관리한다면 특정 분야에 집중하는 경우도 있다. 게임 크리에이터 도티가 콘텐츠를 총괄하는 샌드박스네트워크는 도티, 잠뜰을 비롯한 100여 팀의 게임 크리에이터와 계약을 맺었다. 뷰티 전문 MCN 업체 레페리는 국내는 물론 중국 현지에서 뷰티 크리에이터를 양성하고 있다. 비디오빌리지는 크리에이터 관리 개념의 MCN뿐 아니라 디지털 콘텐츠 제작사 역할도 같이한다. 비디오빌리지는 코리안브로스JK, 안재억, 조섭, 유준호 등 예능 콘텐츠 중심이다.

레페리의 뷰티 크리에이터. 뷰티 전문 MCN 업체 레페리는 국내는 물론 중국 현지에서 뷰티 크리에이터를 양성하고 있다.

디지털 콘텐츠 제작사

MCN을 넓은 의미로 볼 때 디지털 공간에서 예능, 드라마 등의 오리지널 콘텐츠를 만드는 제작사도 포함된다. 주로 전통적인 방송 콘텐츠보다 길이가 짧고 기존 방송에서는 찾아볼 수 없는 속칭 '약 빨고 만든' 듯한 콘텐츠가 특징이다.

웹·모바일 드라마 부문에서는 72초TV와 와이낫미디어가 두각을 나타내고 있다. "나는 오늘 미용실에 갔다"는 식으로 주인공의 일과를 속사포로 뱉는 내레이션형 드라마로 시작한 72초TV는 최근에는 직장인들을 타깃으로 한 〈오구실〉로 인기를 끌고 있다. 와이낫미디어는 대학생들의 얽히고설킨 '썸'과 '짝사랑' 이야기를 다룬 〈전지적 짝사랑 시점〉으로 큰 인기를 끌었는데, 이 프로그램은 케이블 채널에도 편성되었다.

웹·모바일 예능 부문은 가수가 자신의 음반을 중고 거래하며 팬들과 만나는 콘셉트의 〈연예인 중고나라 체험기〉를 만든 모모콘이 대표적이다. DJ DOC는 자신의 4집 앨범을 1,000원에 판다는 판매자가 자신들을 알아보지 못한 데다 "돈이 없다"고 하자 "그러면 500원만 달라"는 굴욕을 당한 장면이 화제가 되었다. '딩고'라는 브랜드를 내세운 메이크어스는 음악, 실험 영상, 여행 등 다양한 분야를 공격적으로 개척하고 있다. 특히 모바일 환경에 맞게 세로 화면 영상으로 가수들의 라이브 공연을 보는 〈세로 라이브〉와 연예인이 술자리에서 노래를 하는 콘셉트의 〈이슬 라이브〉가 인기를 끌었다.

일반인이나 디지털 콘텐츠 제작사 직원들이 특정한 주제나 상황을 놓고 인터뷰하는 인터뷰형 콘텐츠도 많다. 솔파는 '인사 담당자가 자녀의 자기소개서를 읽어본다면', '한중일 학생이 역사 문제를 함께 푼다면' 등 궁금증을 유발하는 인터뷰 영상으로 인기를 끌었다. 이 같은 콘텐츠는 비디오빌리지와 피키캐스트에서도 찾아볼 수 있다.

레거시미디어

아직도 영향력이 막강하지만 언젠가는 레거시미디어(전통 미디어) 시장이 붕괴할 것이라는 전망이 나오는 상황에서 '아재 콘텐츠' 취급을 받는 방송사들은 생존을 위해 디지털 콘텐츠 사업에 뛰어들고 있다. 가장 주목받는 브랜드는 SBS의 '모비딕'이다. 간판 프로그램인 〈양세형의 숏터뷰〉는 지난 대선 국면에서 안희정 충남지사, 이재명 성남시장, 유승민 의원, 심상정 의원 등을 코믹한 콘셉트로 인터뷰해 인기를 끌었다. 모비딕 콘텐츠는 SBS 심야 시간대에 재편성해 기존 심야 방송보다 높은 시청률을 기록하기도 했다.

KBS와 JTBC도 도전장을 내밀었다. KBS는 예띠스튜디오를 통해 크리에이터들을 직접 육성하는 MCN 사업을 시도했다. 2016년 네이버와 공동 기획으로 만든 웹·모바일 드라마 〈마음의 소리〉가 광고를 완판하면서 가능성을 보였다. JTBC는 아나운서 장성규가 직접 크리에이터로서 먹방, 실험 영상 같은 다양한 분야에 도전하는 〈짱티비씨〉를 제작하고 있다. 뉴스 브랜드 파워가 막강한 JTBC답게 손석희 사장과 JTBC 〈뉴스룸〉 앵커, 기자들이 출연하는 〈소셜라이브〉도 인기가 많다.

〈나는 꼼수다〉 열풍 이후 전통 미디어는 팟캐스트에도 관심을 기울이고 있다. 팟캐스트는 일반적으로 디지털 라디오 콘텐츠를 말하지만, 유튜브가 활성화되면서 스튜디오 녹화를 통해 영상도 함께 제공하는 콘텐츠도 적지 않다. 『한겨레』의 〈김어준의 파파이스〉, 국민TV의 〈김용민 브리핑〉, 〈맘마이스〉 같은 콘텐츠가 유명하며 SBS는 팟캐스트 전문채널 '골룸라디오'를 서비스하고 있다.

연예 기획사

연예 기획사는 방송사에 잘 보여야 한다? 이제 옛이야기다. 누구나 콘텐츠를 만들 수 있는 환경이 되자 연예 기획사들은 직접 PD를 영입해 콘텐츠를 선보일 준비를 하고 있다. 가장 공격적인 곳은 YG엔터테인먼트다. YG는 〈라디오 스타〉의 조서윤 PD, 〈무한도전〉의 제영재 PD, 〈진짜 사나이〉의 김민종 PD 등 MBC 예능 PD들을 비롯해 Mnet 〈음악의 신〉의 박준수 PD, 〈쇼미더머니〉의 이상윤 · 최효진 PD, tvN 〈SNL코리아〉의 유성모 PD 등을 대거 영입했다.

SM엔터테인먼트의 자회사 SM C&C는 2015년 〈안녕하세요〉, 〈우리 동네 예체능〉 등을 연출한 이예지 KBS PD를 영입하고, 콘텐츠 기획실을 신설해 공격적인 행보를 보이고 있다. 미스틱엔터테인먼트는 MBC의 〈일밤〉 · 〈느낌표〉 · 〈무한도전〉, JTBC의 〈썰전〉 · 〈마녀사냥〉 등을 기획한 여운혁 PD를 스카우트했다. 2017년 6월 미스틱과 SM은 두 회사 아티스트들이 만나 음악 교류를 하는 내용의 콘텐츠 〈눈덩이 프로젝트〉를 선보였다.

기업

신문이나 방송에 광고해 브랜드를 알리던 기업도 플레이어로 뛰기 시작했다. 해외에서는 스타벅스가 콘텐츠를 제작함으로써 '기업도 미디어 회사가 될 수 있다'는 점을 알렸으며, 국내에서는 제일기획, 현대카드 등이 적극적으로 콘텐츠를 만들고 있다.

최근에는 콜센터 사전 안내 멘트에 "사랑하는 우리 엄마가 상담합니다" 등 가족의 육성을 담을 경우 고객의 태도가 어떻게 변하는지를 다룬 GS칼텍스의 캠페인 영상은 기업이 만든 광고임에도 콘텐츠로서 관심을 받았다. 제일기획의 웹·모바일 드라마 〈긍정이 체질〉 1화는 2016년 네이버TV 전체 재생 수 랭킹에서 3위를 차지할 정도로 영향력이 컸다.

플랫폼 전쟁:
취향 저격 콘텐츠를 잡아라

콘텐츠와 플랫폼은 떼려야 뗄 수 없는 관계다. 플랫폼은 콘텐츠를 확보해 서비스하는 사업 형태를 말한다. 각각의 기차가 콘텐츠라면 기차들이 모이는 기차역 플랫폼(승강장)이 바로 플랫폼 사업자다. 한국에서는 미국처럼 플랫폼 경쟁 과정에서 콘텐츠 혁신이 일어나지는 않았지만, 여러 영역의 플랫폼 사업자가 경쟁하는 구도가 형성되면서 다양한 경쟁이 벌어지고 있다.

MCN이라는 단어가 들어오기 전부터 한국에서는 유사한 사업 모델이 있었다. 인터넷 방송의 대명사로 불릴 정도로 국내에서는 막강한 영향력이 있는 사업자, 바로 아프리카TV다. 전성기보다 이용자가 줄었지만, 아프리카TV는 2017년 1분기 기준 매출액 214억 원, 영업이익 47억 원을 기록하는 등 여전히 고공행진을 이어간다. 이는 전년 대비 각각 17퍼센트, 30퍼센트나 오른 것이다. 아프리카TV의 주 수익원은 후원 시스템인 별풍선에 붙는 수수료다.

최근에는 해외 플랫폼들이 아프리카TV를 위협하기 시작했다. 세계적인 동영상 서비스 유튜브의 존재가 가장 위협적이다. 라이브 중심의 아프리카TV와 달리 콘텐츠를 쌓아놓고 다시 보게 하는 VOD 중심 콘텐츠와 광고를 통한 수익 배분 정책을 내세우며 국내 크리에이터를 끌어모았다. 콘텐츠가 워낙 많고 젊은 세대에게 생활 플랫폼으로 자리 잡은 만큼 시간이 흐를수록 유튜브의 국내 영향력도 커질 것으로 전망한다. 2016년 아프리카TV 간판 BJ였던 대도서관이 유튜브와 독점 계약을 맺은 일을 계기로 '별풍선 후원 모델'보다 유튜브형 '광고 VOD 모델'에 적합한 크리에이터들의 이탈 행렬도 있었다.

여기에 게임 방송 전문 플랫폼인 트위치TV도 2015년 국내에 진출해 도전장을 내밀었다. 트위치TV는 화질이 좋지 못했던 아프리카TV에 맞서 고화질 서비스를 내세우며 시청자를 모았고, 크리에이터들에게는 낮은 캐시(트위치의 별풍선 시스템) 수수료를 제시해 경쟁력을 확보했다. 해외 이용자가 시청할 수 있는 글로벌 플랫폼인 것도 트위치TV

의 강점으로 꼽힌다.

해외 플랫폼들이 잇따라 질 좋은 서비스를 제공하는 데다 '갑질 논란'과 '대도서관 망명 사태'를 겪은 상황에서, 아프리카TV는 기존 서비스를 고수할 수 없었다. BJ들에게 HD급 화질을 제공하고 VOD 서비스를 실시하며, 광고 수익 배분 모델을 만드는 등 서비스를 개선해 트위치TV와 유튜브에 대응하고 있다.

디지털 콘텐츠가 대세가 되자 포털사이트 사업자들도 도전장을 내밀었다. 포털사이트는 먼저 방송사의 문을 두드렸다. 2014년 지상파, CJ, 종편 등 유력 방송 사업자들이 연합한 스마트미디어렙이 유튜브와 수익 배분 계약에서 난항을 겪은 일이 포털사이트에는 기회가 되었다. 방송사들이 유튜브를 떠나 네이버와 카카오에 방송을 3~5분 단위로 쪼개 올리는 클립 영상을 공급하면서 시청자가 포털사이트로 몰렸다. 그런데 포털사이트가 방송사의 클립 영상만 갖고 버티기에는 불안한 상황이 이어졌다. 포털사이트에서 방송사 클립 영상을 보면 2분짜리 영상에 15초짜리 프리롤 광고(콘텐츠가 시작되기 전에 나오는 광고)가 붙는 점에 황당했던 기억이 누구나 있을 것이다. 이는 스마트미디어렙이 고수하는 방식으로 광고 수익 역시 스마트미디어렙이 대부분을 가져간다. 방송사들이 뭉쳐 힘이 강력해진 탓에 포털사이트로서는 만족스럽지 못한 계약이었다. 이뿐 아니라 포털사이트로서는 기성 방송 콘텐츠만으로는 젊은 이용자의 기호에 맞추기 힘들었고, 장기적으로 콘텐츠를 다변화할 필요성도 있었다.

고민 끝에 포털사이트는 MCN을 중심으로 한 디지털 콘텐츠를 적극적으로 받아들였다. 네이버는 네이버TV캐스트를 네이버TV로 개편하고, 적극적으로 MCN 콘텐츠와 디지털 제작사들의 콘텐츠를 수급하고 제작을 지원하는 한편, 네이버 자체 디지털 콘텐츠 V앱도 선보였다. 카카오 역시 다음TV팟과 카카오TV를 카카오TV로 통합하고 사업자들과 크리에이터를 유치하고 있다.

변화는 빨랐다. 이제 더 이상 방송사 클립 영상 일색이 아니다. 네이버TV의 2016년 조회 수 랭킹을 보면 제일기획이 제작한 웹·모바일 드라마 〈긍정이 체질〉 1화가 361만 뷰를 기록해 3위를 차지했고, 2화는 312만뷰를 기록해 10위를 차지했다. 네이버V앱 라이브 영상도 3·6위에 자리 잡았다. 2015년만 해도 조회 수 랭킹 10위권 대다수는 방송사 콘텐츠였는데, 상황이 급변한 것이다.

OTT 전쟁, 통신사 vs 방송사 vs 넷플릭스

온라인 텔레비전·영화 스트리밍 서비스라 할 수 있는 OTT(Over the top) 시장에서도 사업자들의 각축전이 이어졌다. 대표적인 사업자는 지상파 중심의 푹(POOQ), CJ E&M의 티빙, 넷플릭스, 통신 3사의 모바일 IPTV 등이다.

푹은 가장 막강한 영향력을 가진 지상파가 공동 출자로 만든 사업자다. 푹 초창기만 해도 "콘텐츠를 최대한 널리 퍼뜨려 돈을 벌겠다"는 전략을 세웠고, 통신 3사의 모바일 IPTV를 포함한 다른 OTT에 지상파 콘텐츠를 입점시켰다. 그런데 콘텐츠는 잘 팔렸지만, 오히려 푹의 경쟁력이 사라지는 모순이 발생했다. 콘텐츠 사업자로 성공하려면 최대한 많은 플랫폼에 콘텐츠를 뿌리면 되지만, 플랫폼 사업자로서 성공하려면 넷플릭스의 오리지널 콘텐츠처럼 시청자들이 특정 플랫폼에서만 볼 수 있는 콘텐츠가 필요했기 때문이다.

이후 푹은 '플랫폼 전략'으로 선회해 모바일 IPTV에서 지상파 콘텐츠를 빼고, 티빙에서도 철수했다. 푹을 운영하는 콘텐츠연합플랫폼의 이희주 실장은 당시 "통신사가 주는 마약을 더는 맞지 않겠다"고 강조했다. 통신사 등에 콘텐츠를 내보내면 당장 벌어들이는 수익은 많겠지만, 디지털 공간에서 자기 플랫폼이 없으면 결과적으로 지상파에 손해가 될 수밖에 없다는 의미다.

푹에 지상파가 있다면 지상파의 라이벌로 급부상한 CJ E&M은 티빙(Tving)을 서비스하고 있다. Mnet, tvN 등 CJ 계열 채널은 〈응답하라〉 시리즈, 〈꽃보다〉 시리즈, 〈시그널〉, 〈도깨비〉 같은 히트작을 연달아 내놓아 지상파의 아성에 균열을 냈고, 이 콘텐츠들을 티빙을 통해 서비스하면서 이용자를 모으고 있다.

그러나 한국 시장에서 가장 잘 나가는 OTT 사업자는 푹도 티빙도 아닌 '어둠의 경로'다. 무료로 방송 콘텐츠를 접할 수 있는 채널이 여전히 암암리에 유지되다 보니 OTT 사업이 활성화되지 못하고 있다. 현재 푹과 티빙의 유료회원은 50만~60만 명 수준으로 알려졌는데, 이 정도로는 본격적으로 수익을 내기 힘들다고 한다.

정체기에 접어든 푹과 티빙은 2017년 실시간 채널을 무료로 전환하는 승부수를 던졌다. 실시간 채널을 미끼로 이용자를 끌어들인 후 콘텐츠 다시 보기 등 유료 전환을 유도하겠다는 취지다. MBC의 〈무한도전〉이나 tvN의 〈비밀의 숲〉 실시간 방송을 보기 위해 푹과 티빙에 접속하면서 스트리밍 서비스를 경험하게 하고, "이전에 못 본 회차를 보고 싶은데 그냥 정액제 끊을까"라는 고민을 하게 만들겠다는 전략이다.

통신 3사는 모두 모바일 IPTV 서비스를 통해 OTT 사업을 하고 있다. 가장 공격적인 사업자는 SK다. 2016년 SK브로드밴드는 미디어 업계 인사들을 영입하고, SK텔레콤의 호핀과 SK브로드밴드의 Btv모바일을 통합해 옥수수(oksusu)를 선보였다. KT의 올레TV모바일도 기능을 개선하고 콘텐츠 수급에 적극적으로 나섰다.

통신 3사의 모바일 IPTV는 가장 많은 이용자를 확보한 것이 강점이다. 2016년 와이즈앱 조사 결과 이용자 핸드폰에 가장 많이 설치된 OTT 앱은 SK텔레콤의 옥수수였다. LG유플러스의 비디오 포털사이트(768만 명)와 KT의 올레TV모바일(747만 명)이 뒤를 이었다. 4위인 푹의 설치자는 139만 명으로 1~3위와 격차가 컸다.

왜 통신사의 모바일 IPTV는 이렇게 잘 나가는 것일까? 특정 통신사에 가입하면 기본 앱으로 깔리는 점을 이용해 사실상 전 국민을 잠재고객으로 확보했기 때문이다. 여기에 KT의 '미디어팩', LG유플러스의 '꿀팁마음껏팩', SK텔레콤의 '밴드플레이팩' 요금제에 가입하면 데이터를 감면하는 혜택까지 제공했다. 2016년 콘텐츠연합플랫폼이 의뢰한 한국갤럽 조사에 따르면 SK텔레콤 이용자가 가장 많이 쓰는 OTT 앱은 옥수수(47.7퍼센트)였고, KT의 경우 올레TV모바일(45.9퍼센트) LG유플러스의 경우 비디오 포털사이트(47.5퍼센트)였다. 가입 통신사가 어디냐에 따라 OTT 선택에 영향을 미친다는 점을 드러낸다.

그러나 통신사에는 푹이나 티빙과 달리 치명적인 약점이 있다. 콘텐츠를 제작하지 않기 때문에 차별화된 콘텐츠가 없다는 점이다. 지상파와 CJ E&M의 콘텐츠는 계약 상황에 따라 입점했다 빠졌다 할 수 있기 때문에, 안정적으로 공급할 수 있으면서도 매력적인 제3의 콘텐츠가 필요했다. 그래서 눈을 돌린 것이 MCN이다. 옥수수는 2016년 웹·모바일 드라마 〈통메모리즈〉를 웹툰형 과금 모델로 선보여 '수익성이 확보된 오리지널 콘텐츠' 실험을 시작했다.

OTT 시장에도 외국 플랫폼의 공습이 시작되었다. 외국 영화와 드라마 콘텐츠로 무장한 넷플릭스는 2016년 1월 한국에 진출했다. 그런데 '태풍'이 될 것 같았던 넷플릭스는 초창기에 고전을 면치 못했다. 2016년 기준 넷플릭스 앱 설치자는 푹의 10분의 1 규모인 13만 명으로 추산되었다. 주요 OTT 앱 8개 중 설치자, 사용자 등의 지표에서 8위에 그쳤다. 앱 충성도 조사에서도 넷플릭스는 꼴찌였다.

넷플릭스는 왜 부진했던 것일까? 사실 한국의 인기 콘텐츠는 '국내', '최신', '드라마'와 '예능'인데 넷플릭스는 해외 콘텐츠 중심이었다. 물론 넷플릭스가 지상파, CJ E&M 등 유력 사업자와 콘텐츠 제휴를 논의했던 것으로 알려졌으나, 이들 사업자는 자체 플랫폼을 만드는 데 집중했던 상황이라 '빅딜'은 없었다. 결국 초창기 한국 시장에서 한국인의 취향을 저격하는 콘텐츠를 확보하지 못한 넷플릭스는 '찻잔 속 태풍'이 되는 듯했다.

그러나 넷플릭스를 무시할 수만은 없다. 넷플릭스는 봉준호 감독이 메가폰을 잡은 오리지널 콘텐츠 영화 〈옥자〉를 계기로 반등을 노리고 있다. 〈옥자〉 효과는 즉각적으로 나타났다. 〈옥자〉를 공개한 직후인 7월 3일부터 9일까지 넷플릭스 주간 접속자는 안드로이드 앱 기준

전주 대비 2배가량 급증했다.

관건은 한국인이 좋아할 만한 콘텐츠를 지속해서 공급할 수 있는지에 있다. 현재 넷플릭스는 tvN의 히트작 〈시그널〉을 집필한 김은희 작가를 영입해 〈킹덤〉을 제작하고 있다. 〈옥자〉의 흥행만으로는 한계가 있겠지만, 〈킹덤〉의 흥행이 이어지고 지속해서 국내용 오리지널 콘텐츠를 제작한다면 판이 뒤집힐 수도 있다.

'팟티 vs 팟빵'의 갈등 신호탄, 음성 플랫폼 전쟁도 불붙나?

음성 시장은 서서히 '전초전'이 시작되는 분위기다. 최근 팟캐스트 업계에서 벌어진 팟빵과 팟티의 갈등은 의미심장하다. 팟캐스트는 콘텐츠 구독 주소인 RSS를 통해 외부에 공유되는 구조였는데, 2017년 2월 서비스를 시작한 NHN벅스의 팟캐스트 플랫폼 팟티가 RSS를 통해 팟빵 콘텐츠를 게재하자 팟빵이 반발하고 나선 것이다.

팟빵은 자체 제작하거나 크리에이터와 계약을 맺고 업로드한 콘텐츠를 팟티가 무단으로 가져가면서 '무임승차'를 했다고 반발했다. 논란이 되자 '팟티'는 팟빵 콘텐츠 공유를 중단하면서 "공개된 RSS와 팟티의 자체 방송으로 공정하게 서비스를 해왔다"는 입장을 밝혔다. 팟빵은 이후 약관 변경을 통해 외부 RSS 제공을 막아 자사 플랫폼에서만 콘텐츠가 소비되도록 전환했다. 그러자 '콘텐츠 독점' 논란이 불거졌다.

팟빵의 '독점'이냐 팟티의 '불펌'이냐를 판단하기 이전에 팟빵 중심의 시장에 경쟁 플랫폼이 등장하면서 나타난 '진통'이라는 관점에서 이

사태를 볼 수 있다. 논란을 계기로 두 사업자는 '차별화 경쟁'에 돌입했다. 팟빵은 최근 크리에이터에게 월 9,900원씩 받던 호스팅 비용을 무료로 전환했으며, 하루 업로드 동영상 횟수 제한도 풀었다. 손해를 보더라도 크리에이터를 유치하겠다는 전략이다.

팟티는 지상파 방송사인 SBS와 제휴를 맺고 오리지널 콘텐츠 〈김용민의 뉴스관장〉을 선보이며 자체 콘텐츠에 대한 의지를 드러냈다. NHN벅스 측에 따르면 〈신해철의 고스트스테이션〉 다시 보기 서비스를 준비하는 등 SBS라디오와 공동 작업을 해나갈 것이라고 한다. 팟티는 오픈 4개월 만에 팟캐스트 누적 다운로드 2,700만 건, 앱 누적 다운로드 수 6만 2,000건으로 시장에 안착하는 분위기다.

포털사이트 네이버도 이 시장에 눈독을 들인다. 네이버가 최근 음성 서비스인 '오디오 클립'을 출시한 점을 주목할 만하다. 네이버는 오디오 클립에 2017년부터 1년에 100억 원씩 3년 동안 300억 원을 투자하겠다고 밝혔다. 오디오 클립은 시사 교양 콘텐츠를 녹음하거나 관련 서적을 음성으로 변환하는 콘텐츠가 중심이다. 최근에는 음성 크리에이터(방송 기획 · 진행자)를 선발하고 있다.

음성 콘텐츠 시장이 주목받는 이유는 흔히 말하는 '제4차 산업혁명'과 관련이 있다. '인공지능 음성비서'가 활성화되면 음성 콘텐츠 시장 규모가 커질 것이라는 계산이 깔린 것이다. 미국에서는 애플, 구글, 아마존이 AI 음성비서를 선보였으며 국내에서는 SK텔레콤과 KT가 경쟁적으로 AI 음성비서를 출시했다. 네이버는 조만간 국내 AI 음성비서 출시를 통해 연계 서비스를 강화할 계획이다.

성장통:
대도서관 망명과 캐리 하차 논란

성장을 위해서는 겪어야 하는 진통이 있다. MCN 시장이 성장하는 과정에서 크리에이터와 MCN 업체, 크리에이터와 플랫폼 등 당사자가 충돌하는 양상이 벌어지곤 했다. 그중에서도 가장 주목받은 '대도서관 망명 사태'와 '캐리 하차 논란'의 쟁점과 의미를 정리했다.

크리에이터 vs 플랫폼, '대도서관 망명 사태' 결과는?

2016년, 아프리카TV 간판스타가 돌연 아프리카TV를 떠났다. 무엇이 문제였을까? 대도서관이 게임 '아케론'의 광고 방송을 위해 홍보

모델인 시노자키 아이를 게스트로 초대한 것이 발단이었다. 아프리카TV는 "회사의 사전 승낙 없이 서비스를 이용해 영업 활동을 했다"면서 '1주일간 방송 정지' 제재를 내렸다.

대도서관은 강력하게 반발했다. 콘텐츠에 광고를 넣는 것이 제재 사유가 된 사실을 비판하면서 동시에 "아프리카TV가 그동안 무리한 호스팅비(광고를 넣는 대신 받는 수수료)를 요구했다"고 폭로했다. 대도서관이 아프리카TV를 떠난 직후 유튜브와 계약함으로써 이 사건은 '대도서관 망명 사태'로 규정되었다. 이후 양띵, 밴쯔, 쵸코, 노돌리 등 유명 BJ들이 아프리카TV를 떠났고, 갑질 논란과 이탈 행렬이 언론에 보도되었다.

견해차는 팽팽했다. 대도서관은 아프리카TV의 호스팅비 요구를 문제로 제기했지만, 아프리카TV는 광고는 사전 협의가 필수적이고

아프리카TV 게임 방송을 통해 이름을 알린 대도서관은 가장 인기 있는 크리에이터 중 하나다. 대도서관은 '광고 중심의 수익 모델'을 고수해왔기에, 유튜브를 선택한 것은 결과적으로 자신에게 맞는 옷을 입은 것이다.

광고 수익의 배분을 요구하는 것은 '갑질'이 아니라며 반박했다.

결론부터 말하면 양측의 주장 다 일리가 있다. 사실 이 사건은 '새로운 영역'이기 때문에 벌어진 충돌의 성격이 강했다. 아프리카TV는 크리에이터가 광고를 유치해서 콘텐츠에 넣는 플랫폼이 아니다. 별풍선 수입을 나누는 것이 절대적인 수익원이었다. 그런데 대도서관은 광고를 통해 돈을 버는 새로운 부류였고, 그와 같은 크리에이터들이 생겨나자 아프리카TV는 광고 수익도 배분해야 한다고 주장한 것이다. 반면 대도서관은 다른 플랫폼과 달리 아프리카TV가 송출료를 요구하는 것이 부당하다고 판단했다.

결과는 어떻게 되었을까? 대도서관도 아프리카TV도 큰 타격은 없었다. 대도서관이 사전에 어디까지 계산을 했는지는 알 수 없지만, 앞서 언급한 것처럼 그는 '광고 중심의 수익 모델'을 고수해왔고 이는 유튜브에 적합한 형태다. 그가 유튜브를 선택한 데는 불가피한 측면도 있겠지만, 결과적으로 자신에게 맞는 옷을 입은 것이다. 그를 따라 함께 망명을 떠난 크리에이터들도 마찬가지다.

반대로 생각해보면 아프리카TV의 매출 상승세가 꺾이지 않은 이유도 같은 맥락이다. 아프리카TV의 주 수익원은 별풍선이기 때문에 별풍선에 의존하지 않던 크리에이터들이 떠난다고 해서 타격을 입는 구조는 아니었다.

다만 이 사건을 통해 아프리카TV는 다른 플랫폼보다 크리에이터 친화성이 떨어진다는 지적을 수용할 필요가 있었다. 유튜브, 트위터, 페이스북 등 외국의 플랫폼은 광고 수익 배분을 요구하지 않는데, 아프리카TV의 정책은 지나친 간섭과 통제로 보일 수 있기 때문이다. 타

플랫폼보다 크리에이터들을 위한 혜택이 적거나 간섭이 많다는 점은 경쟁 구도에서 취약점이 될 수 있다.

다행히도 논란이 제기되자 아프리카TV는 정책 변경으로 대응했다. ① 상업 방송에 별도의 비용, 수수료, 호스팅비를 요구하지 않고 사전 협의 시스템만 유지, ② 유튜브와 영상 동시 송출을 허용, ③ 모든 이용자에게 고화질 서비스 제공, ④ BJ 콘텐츠 제작비 5억 원 지원 등의 정책을 도입했다. 이번 논란을 통해 플랫폼으로서 역할을 돌아보게 된 것이다.

캐리, 크리에이터인가 캐릭터인가?

'좋아요'도 아니고 '싫어요'가 1만 건이 넘게 붙은 콘텐츠가 생겼다. 2017년 2월 한국의 대표 키즈 콘텐츠 채널에서 '큰일'이 벌어졌다. 1대 캐리인 강혜진이 갑자기 2대 캐리를 소개하며 캐리소프트를 떠났다. 팬들은 진행자 교체 설명 영상에 '싫어요'를 누르며 반발했다.

시간이 흐르고 1대 캐리 강혜진이 자신의 오빠와 회사를 설립한 뒤 CJ E&M의 MCN 기업 다이아TV와 계약을 맺자 2라운드가 시작되었다. 캐리소프트는 강혜진이 계약이 만료되기 전 다이아TV와 계약을 맺었다고 주장하며 CJ E&M이 회장사인 MCN협회를 탈퇴했다. CJ E&M은 캐리소프트와 계약 만료 후 계약을 맺은 것이라며 반박했다.

강혜진에게 나갈 만한 이유가 있었던 것인지, 아니면 캐리소프트가 극진히 대접했음에도 강혜진이 배신한 것인지는 불분명하다. 단 이

사건에서 주목할 만한 사실은 강혜진과 캐리소프트의 '캐리'에 대한 견해가 상반된다는 점이다.

강혜진은 스스로를 크리에이터로 규정한다. 본인이 직접 기획하고 콘텐츠를 제작하는 주도적 역할을 한다고 보았다. 적지 않은 시청자들 역시 캐리의 콘텐츠를 '1인 방송'으로 이해하고 캐리를 강혜진과 동일한 정체성으로 보았기 때문에 반발이 컸던 것으로 보인다.

강혜진을 만나보니 그는 자신을 캐리와 동일한 정체성으로 여겼다. "누구의 탓을 하려는 것이 아니다. 사람이니 상처받을 때도 있고, 힘들 때도 있었다. 그래서 아예 그만두려고 했다. 그때 같이 일했던 분이 '네가 아이들을 선택한 것이 아니라 아이들이 너를 선택한 것'이라고 했다. 도대체 내가 뭐라고 누군가에게 기쁨이 되는 것일까. 나는 아무것도 아닌데. 돌아오니 어머니들이 '우리 아이를 위해 돌아와줘서 고맙다'는 말을 많이 하셨다. 무거운 책임감을 느낀다. 좋은 영상을 만드는 것이 우리가 할 일이라고 생각한다."

반면 캐리소프트의 입장은 정반대였다. 일찌감치 '캐리'를 '개인 크리에이터'가 아닌 '캐릭터'로 규정했다. '뽀미 언니'가 1대, 2대, 3대로 이어지는 것처럼 강혜진이라는 사람의 정체성이 아니라 강혜진이 아닌 다른 사람이 될 수 있는 것으로 보았다. 캐리소프트 입장에서는 캐리를 캐릭터화해야 진행자 이탈에 따른 변수도 적고, 다양한 IP 사업을 추진하기에 적합하다고 판단한 것이다. 캐리소프트는 캐리 사태를 '인터넷 강의 강사 이직 논란'에 비유한 기사를 언론중재위원회에 제소할 정도로 캐리를 고유의 인물로 보려는 시각을 부정했다.

사실 이번 사태는 예견된 측면이 강했다. 논란이 벌어지기 전 네이

헤이지니 강혜진 씨. 캐리 사태는 두 가치관의 충돌로 바라봐야 한다. 사업자 입장에서는 캐릭터화가 '지속 가능한 발전'을 위해 필요하지만 크리에이터 입장에서는 고유의 정체성을 가져갈 필요가 있다. 두 차이는 충분히 충돌할 여지가 있었다.

버에 연재되었던 'MCN 창업자 인터뷰'에서 조영신 SK경제경영연구소 수석연구위원은 이렇게 지적했다. "샌드박스네트워크가 도티라는 1인 크리에이터가 설립한 것이라는 점에서 알 수 있듯이, 캐리가 나가서 새로운 동영상을 연다면 막을 방법도 없다. 더구나 캐리 언니는 뽀미 언니처럼 늙어갈 터이니, 내세울 수 있는 것은 캐리라는 브랜드파워뿐이다. 그렇다면 캐리를 캐릭터화하는 작업이 필요하다. 캐리를 기본으로 하는 공연이 기획되는 것도 결국은 캐리의 캐릭터화로 이해할 수 있다. 2016년 8월 들어 캐릭터 라이선스 사업을 시작했다. 물론 이 모든 것은 본능적인 선택이다."

해당 인터뷰에서 권원숙 캐리소프트 대표는 이렇게 답했다. "뽀미 언니가 26명인가 바뀐 것으로 알고 있어요. 그런데 제 머릿속에는 왕영은밖에 없어요. 그런데 뽀미 언니는 실제 인물로만 쭉 갔지, 캐릭터화는 시도하지 않았죠. 전 캐리를 캐릭터화하고 싶어요."

따라서 캐리 사태는 '캐리소프트의 갑질' 또는 '욕심 많은 캐리의 배신', 'CJ의 인재 빼내기'라는 표면적인 프레임으로 이해하기보다는 두 가치관의 충돌로 바라볼 필요가 있다. 사업자 입장에서는 캐릭터화가 '지속 가능한 발전'을 위해 필요하지만, 크리에이터 입장에서는 고유의 정체성을 가져갈 필요가 있고, 두 차이는 충분히 충돌할 여지가 있었다.

'싫어요' 1만 건은 놀라웠지만, 후폭풍은 생각보다는 작았다. 2017년 8월 1일 기준 캐리소프트 유튜브 채널에는 150만 구독자가 있어 별다른 타격이 없었다. 1대 캐리를 겪지 못한 아이들은 2대 캐리에게 거부감이 없었기 때문이다.

과제:
수익성 정답 찾기

MCN을 희망이 넘치는 천국으로만 묘사할 수는 없다. 문제는 돈이다. MCN을 비롯한 디지털 콘텐츠의 인기는 의심할 여지가 없지만, '수익성'이라는 장벽이 산업을 가로막고 있다. 한국 시장은 작은 데다 여전히 신문과 방송 같은 전통 미디어 중심이고, 블루오션으로 보였던 중국 시장은 '사드'라는 암초를 만났다. 열악한 여건 속에서 사업자들은 '사업 다각화'를 시도했으며, 시행착오를 통해 긍정적인 신호를 만들어내고 있다. MCN의 다양한 수익 모델을 소개한다.

조회 수 수익

누가 콘텐츠에 돈을 지불할 수 있을까? 플랫폼, 독자, 광고주(브랜드)로 나뉜다. 여기서 플랫폼이 주는 돈은 일반적으로 조회 수를 기준으로 산정된 광고 단가다.

유튜브의 경우 대략 광고 수익의 55퍼센트를 제작자에게 배분한다. 1건당 제작자에게 돌아오는 돈을 1원으로 환산하면, 이 중 크리에이터에게 70~80퍼센트를 떼어주고 업체가 버는 돈은 조회 수당 0.2~0.3원뿐이다. 한국은 영어권도 아닌 데다 시장 규모가 작다보니 중국이나 미국처럼 높은 조회 수를 기록하기도 쉽지 않다.

물론 저가의 제작비가 드는 1인 미디어 콘텐츠의 경우 많은 구독자 수를 확보하고 콘텐츠가 쌓이면 본격적으로 수익을 낼 수 있지만, 시장이 작다보니 혜택은 극소수에게만 돌아간다. 절대다수의 크리에이터는 물론 배우와 장소 캐스팅, 촬영에 들어가는 장비와 인건비 등이 투입되는 웹·모바일 드라마 제작의 경우 본전도 뽑기 힘든 현실이다.

유료화

소비자가 돈을 내는 방식은 어느 산업이든 기본이다. 그러나 한국에선 콘텐츠가 공짜라는 인식이 만연해 있고, 인구도 적다보니 유료화가 쉽지 않다.

답은 찾지 못했지만 다양한 시도는 이어졌다. 2016년 옥수수와 카

옥수수와 카카오가 제작한 오리지널 콘텐츠 〈통 메모리즈〉는 유료 콘텐츠임에도 조회 수 500만을 넘겨 가능성을 보였다.

카오가 선보인 오리지널 콘텐츠 〈통 메모리즈〉는 1 · 2회는 무료로 시청하고 그다음 회차부터 과금하는 웹툰형 모델을 선보였다. 유료 콘텐츠임에도 조회 수 500만을 넘겨 가능성을 보였다.

72초TV의 웹 · 모바일 드라마 〈오구실〉은 일반 콘텐츠는 무료로 풀되 스페셜 에피소드를 영구 소장 기준 편당 1,200원에 판매했다. 드라마가 팬덤을 확보한 상황에서 〈오구실〉 스페셜 에피소드는 네이버 N스토어 기준 실시간 1위, 일간 2위를 기록하는 성과를 냈다.

후원

일찌감치 한국에선 아프리카TV의 별풍선 시스템이 자리 잡았다.

트위치TV, 유튜브도 비슷한 후원 시스템을 운영하고, 팟캐스트에서는 팟빵의 편당 후원 시스템이 있다.

라이브 방송에서 후원에 의존하는 방식이 '독'이 된다는 견해도 있다. 대도서관은 '유튜브 위크 라이브 스트리밍 세션'에서 이렇게 지적했다. "아프리카TV의 별풍선 랭킹을 보면 시청자 수가 몇 만 명씩 있는 사람보다 200~300명밖에 안 되는 사람의 수익이 더 높다. 거액의 별풍선을 기부하는 분은 매우 적다. 별풍선에 의존하면 거액을 주는 소수와 소통에 집중하게 되니 자연스레 시청자가 줄어든다."

기획안을 올리고 펀딩을 받는 펀딩형 모델도 최근 등장했다. 비디오빌리지가 펀딩으로 콘텐츠를 제작했으며 미디어자몽은 펀딩 플랫폼을 선보이기도 했다.

브랜디드 콘텐츠

브랜디드 콘텐츠는 특정 브랜드의 지원을 받고 제작한 콘텐츠다. 일반적인 광고와 달리 콘텐츠로서 속성이나 정보 전달 기능을 갖추면서 브랜드를 자연스럽게 녹여내는 것이 관건이다.

쉐어하우스는 '생활 플랫폼' 캠페인을 벌이던 SK텔레콤의 브랜디드 콘텐츠 '당신의 생활을 바꿔주는 팁' 시리즈를 제작했다. 이 중 욕실 청소방법 등을 담은 〈욕실꿀팁〉 콘텐츠는 1억 2,000만 뷰, 공유 300만 건을 기록해 '대박'을 터뜨렸고, 포털사이트 등 플랫폼에 광고가 아닌 콘텐츠로 배치되었다. 제품의 특성을 직접적으로 광고하는 대신 노하

〈72초 드라마〉의 브랜디드 콘텐츠. 주인공이 광고주의 압박을 느끼며 삼성의 이어폰 '레벨U'를 결정적인 순간마다 끼워 넣으며 웃음을 유발한다.

우를 전달하는 방식으로 유익한 정보에 녹여내는 접점을 찾는 것이 포인트다.

72초TV의 〈72초 드라마〉 브랜디드 콘텐츠의 경우 기존 드라마 등장인물 콘셉트를 그대로 살리면서, '삼성으로부터 협찬을 받아서 부득이하게 드라마 곳곳에 제품을 홍보해야 한다'는 콘셉트로 영상을 만들었다. 주인공이 광고주의 압박을 느끼며 삼성의 이어폰 '레벨U'를 결정적인 순간마다 끼워 넣으며 웃음을 유발한다.

브랜디드 콘텐츠가 '광고'가 아닌 '콘텐츠'가 되려면 타깃 선정이 중요하다는 지적도 있다. 메이크어스의 브랜디드 콘텐츠 이니스프리 마이쿠션 영상이 좋은 예다. 메이크어스는 SNS의 주 이용층 중

20~25세 여성이 타깃이라면 이들의 월 평균 소득이 30만 원이며 그 중 미용에 쓸 수 있는 비용은 4만 원 정도라는 점을 파악했다. 이 가격 대에 맞는 브랜드는? 이니스프리였다. 무턱대고 아무에게 아무 브랜드나 보여주는 방식이 아니라 적절한 타깃을 찾아 그들을 공략한 것이다.

미디어 커머스

상거래와 미디어가 결합한 형태로 최근 가장 주목받는 수익 모델이다. 중국에서는 유명 인터넷 방송 진행자를 가리키는 '왕훙(網紅)'을 중심으로 한 커머스가 활성화되어 있다.

중국의 커머스가 커머스 전문 플랫폼을 통해 방송을 보면서 바로 콘텐츠 구매로 이어지는 구조라면, 한국에서는 페이스북 같은 SNS를 중심으로 홈쇼핑 동영상 형식의 미디어 커머스 콘텐츠가 주목받는다. 블랭크TV의 남성 미용 브랜드 '블랙몬스터' 다운펌 제품이 대표적이다. 일반인 남자들의 다운펌 제품 사용 전후 모습을 비교하는 방식으로 제품의 효과를 강조했다. 블랙몬스터는 론칭 후 3개월 만에 15억 원의 매출을 올렸다고 한다. 이외에도 정수 샤워기, 식욕 억제제, 향수 같은 제품이 미디어 커머스를 통해 제품 판매율을 끌어올렸다고 한다.

다만 커머스에 대해서는 '기대'와 '우려'가 공존한다. 조급한 마음에 '돈을 벌어야 하니까' 커머스에 '올인'해야 한다는 분위기를 경계하는 목소리가 적지 않다. 산업 규모가 커지지 않은 상황에서 양질의 콘텐츠로 승부하기보다 상거래에 집중하는 커머스 열풍이 오히려 콘텐츠 발전에 '독'이 될 수 있다는 이야기다.

IP 비즈니스

결핍에서 창조적 해법이 나오고 있다. 한국 MCN 사업자 중 '팬덤'을 형성한 크리에이터와 콘텐츠 회사들은 IP 비즈니스에도 적극적인 모습을 보인다. IP는 지적 재산권을 의미한다. 대표적 업체는 도티가 소속된 샌드박스네트워크다. 영화관 팝콘콤보세트, 스토리북, 게임,

'팬덤'을 형성한 크리에이터와 콘텐츠 회사들은 IP 비즈니스에도 적극적인 모습을 보인다. 대표적 업체는 도티가 소속된 샌드박스네트워크다.

인형 등 다양한 상품이 아이들에게 인기를 끌고 있다. 캐리소프트 역시 장난감, 인형, 유제품 등에 진출해 수익을 내고 있다. 트레져헌터는 롯데와 제휴를 맺고 마인크래프트 크리에이터 양띵 캐릭터가 등장하는 풍선껌을 출시했다.

콘텐츠로서 IP를 활용하는 경우도 있다. 웹·모바일 예능과 드라마는 텔레비전 프로그램과 마찬가지로 콘텐츠 포맷을 판매하는 모델을 도입했다. 〈전지적 짝사랑 시점〉으로 유명한 와이낫미디어가 이 같은 비즈니스를 목표로 시리즈를 제작했으며, 글랜스TV는 브랜디드 콘텐츠의 IP를 해당 브랜드에 이전하는 모델을 선보여 주목받았다. 캐리소프트는 〈캐리와 장난감 친구들〉을 뮤지컬로 제작했다.

해외 시장 진출

시장이 좁다보니 자연스레 다른 시장으로 눈이 돌아갔다. 많은 사업자가 '한류'의 인기가 식지 않은 중국에 적극적으로 진출했다. 다이아TV는 중국 동영상 플랫폼 '유쿠'와 계약을 맺었으며 아시아 지역 300여 명의 현지 크리에이터들과 계약을 체결했다. 트레져헌터는 중국 현지의 뉴미디어 기업인 바나나프로젝트와 계약을 맺고 라이브 스트리밍 서비스 '팬더TV'를 오픈했다.

그러나 중국 시장은 '사드'라는 거대한 암초를 만났다. 사드 배치가 추진되면서 중국 정부에서 비공식적인 '한한령(限韓令, 한류 금지령)'을 내려 한류 콘텐츠 교류에 차질이 빚어졌다. 이때 국내 사업자들은 진행 중인 계약이 취소되거나 돈이 입금되지 않는 등 피해가 잇따랐다. 중국의 경우 페이스북과 유튜브를 막아놓았기 때문에 중국 플랫폼을 거치지 않고서는 콘텐츠를 선보일 수 없는 구조여서 제재로 인한 피해는 컸다.

사드 정국 속에서도 중국 시장에서 살아남은 MCN 기업 레페리의 시도는 주목할 만하다. 레페리는 단순히 한국 콘텐츠를 중국에 선보이거나 한국 크리에이터가 진출하는 방식이 아니라 중국 현지인을 크리에이터로 육성하는 차별화된 전략을 썼다.

다음으로 주목받는 곳은 동남아시아다. 중국과 마찬가지로 한류 영향권인 데다 문화 차이가 크지 않기 때문이다. 중국과 다른 점은 유튜브와 페이스북이 오픈되어 있기 때문에 정부 규제에 따른 영향도 적고 진출도 쉽다. 특히 베트남의 경우 젊은 세대가 인구의 절반에 육박할 정도고, 인터넷과 스마트폰 보급률이 높아 국내 콘텐츠 업계 전반이 주목하고 있다. 다만 아직까지 자체 시장 규모가 크지 않아 '승부처'로 보기는 어렵다.

규제의 그늘:
사각지대라는 착각

박신서 심의위원	(본인의 방송 영상) 보시니까 어떠세요?
철구	창피합니다.
박신서 심의위원	BJ에는 '브로드캐스팅'이 들어가는데 상당한 책임감을 가지시고, 자라나는 세대를 위해서라도 모범이 되어야 한다고 봅니다.

2015년 2월 방송통신심의위원회 통신심의소위원회 의견 진술 자리에서 박신서 위원과 아프리카TV BJ 철구의 대화 내용이다. 이날 방통심의위는 아프리카TV에서 욕설 방송이 문제가 되자 방송사 PD 부르듯 아프리카TV 관계자와 BJ 등 10명을 불러 의견 진술을 듣고 제재

를 내렸다. 아프리카TV의 협조를 받아 부른 것이지만, 방통심의위가 방송사가 아닌 통신 서비스에 대해 과도한 권한을 행사한다는 비판을 받았다.

MCN 업계에서 가장 우려하는 '변수'는 규제다. 안타깝게도 정부의 개입이 점점 커지고 있다. 규제는 방송 내용의 선정성, 욕설, 정치적 편향성 등을 심의하는 내용 규제가 중심이 될 전망이다. 인터넷 방송과 관련한 불미스러운 사건들이 벌어지면서 '규제론'이 힘을 받고 있다. 이효성 방송통신위원장이 후보자 시절 청문회에서 "이제는 인터넷 방송도 규제해야 할 때가 되었다"고 의견을 밝히자 업계는 촉각을 곤두세웠다.

디지털 콘텐츠는 '공공의 적'처럼 여겨진다. 규제를 위한 움직임은 여야를 불문하고 이어졌다. 몇 년째 국회 국정감사에서 디지털 콘텐츠는 단골 소재다. 선정적이고 폭력적인 인터넷 방송을 왜 규제하지 않느냐는 질타가 쏟아진다. 박근혜 정부 때인 2017년 초 최성준 방송통신위원장 역시 정책과제를 제시하며 인터넷 방송 규제를 추진하겠다고 밝혔다.

규제는 어떤 식으로 이루어질까? 정부 차원에서는 콘텐츠의 기준을 바꾸는 방식의 규제가 추진될 것으로 보인다. 방송 내용을 심의하는 방송통신심의위원회는 2017년 초 '융합 콘텐츠'라는 개념을 신설하는 내용의 법령과 심의 규정의 제·개정을 추진할 수 있다고 밝혔다. '방송'이나 '통신'의 범주로 분류하기 모호한 디지털 콘텐츠를 융합 콘텐츠로 규정해 융합 콘텐츠판 심의 규정을 만들겠다는 발상이다.

디지털 콘텐츠에는 분명 그늘이 있다. 일부 인터넷 방송은 문제가 있다. 도로에서 교통법규를 위반해가며 질주한다거나 성매매를 영상으로 담기도 한다. 장애인이나 소수자, 약자에 대한 비하 또는 혐오 발언도 매번 도마에 오른다. "장애인한테 사람대접을 해줘야 합니까?"(커멘더지코), "자랑도 아니고 장애인(주차장) 저 구석에 좀 해 놓지"(원큐), "자폐아들이 많은 거 같아"(방송천재까루) 등의 발언이 연달아 논란이 되었다.

그러나 '인터넷 방송도 방송인데 규제의 사각지대'라는 규제론의 전제는 중요한 사실을 간과했다. 우선 인터넷 방송은 '방송'이 아니다. 방송은 정부가 허가하기 때문에 까다로운 규제를 받는 근거가 있지만, 인터넷 방송은 '통신상의 콘텐츠'이고 '방송'이라는 표현은 비유에 불과하기 때문에 방송과 같은 잣대를 적용하는 것은 부적절하다.

그러나 정작 심의 제재를 하는 위원들은 '방송'의 잣대로 평가한다. 2015년 2월 김성묵 방송통신심의위원회 부위원장이 욕설 때문에 논란이 된 아프리카TV BJ를 불러다놓고 "지금 이것이 어느 나라 방송이에요? 저렇게 욕설하는 것이 대한민국의 방송이에요?"라고 발언한 것이 심의위원들의 시각을 단적으로 드러낸다.

그렇다면 문제적 콘텐츠를 내버려두자는 것인가? 사실 정부는 그동안 그냥 내버려두지 않았다. 인터넷 동영상이든 댓글이든 게시글이든 타인의 명예를 훼손했다면 소송 대상이 될 것이며 살인, 성매매, 동물 학대, 도로교통법 등 현행법을 위반했다면 법적 처벌을 받는다. 어떤 디지털 콘텐츠건 법을 위반하면 처벌받기 때문에 '사각지대'라는 인식을 갖는 것 자체가 사실을 왜곡하는 면이 있다.

오히려 과도하다는 시선도 있다. 네이버 웹·모바일 드라마 〈대세는 백합〉의 '동성 키스' 장면은 어처구니없게 제재를 받으면서 국제적 망신이 되기도 했다. 2016년 비영리 인권단체 프리덤하우스는 한국을 '인터넷 부분 자유국가'로 분류했는데, 그 이유 중 하나로 "한국의 규제 기관이 네이버 포털사이트의 온라인 동성애 드라마에 대해 '규제'를 하라고 밝혔다"고 지적했다.

물론 법과 심의로도 사회적 약자와 소수자를 향한 혐오 발언에 대해서는 제대로 된 대응이 이루어지지 못하는 것이 사실이다. 그러나 이 문제는 인터넷 방송이기 때문에 벌어지는 문제가 아니라 사회 전반에서 나타나는 현상으로 봐야 한다. 대응 역시 혐오 발언에 대한 법 제도 정비 등 사회 전체가 공론화를 거치는 방향으로 풀어야 할 문제다.

사업자들이 특별히 우려하는 대목은 내용 규제가 더 깐깐해지면 기존 방송이 하지 못하던 자유분방한 콘텐츠를 만들던 MCN 업계의 창의성이 훼손될 수 있다는 점이다. 나영석 PD는 〈신서유기2〉 제작 발표회에서 "최소한의 (내용) 필터링은 필요하다고 생각한다"면서도 "다만 텔레비전이라는 분야와 웹이라는 분야는 좀 다르다. 자율성을 보장해준다면 제작진들이 더욱 다양한 시도를 과감히 할 수 있고, 우리나라의 대표 문화상품이 될 수 있을 것"이라고 말했다. 조윤하 비디오빌리지 대표는 MCN협회 의견서를 통해 "국민을 상대로 하는 공중파 방송은 자율성보다는 공익적 목적으로 규제하는 것이 맞지만, 개인의 입맛에 따라 방송하고 시청하는 개인 인터넷 방송은 자율성을 잃는 순간 생명을 잃는 것과 다름없다"고 지적했다.

당장 규제가 들어서지 않으면 안 될 정도로 사업자들이 손을 놓고 있는 것일까? 2016년 이은권 의원의 법안 발의 이후 MCN협회는 '3단계 자율 정화 제도' 도입을 제안했다. ① 기존 플랫폼사의 자율 모니터링 제도 확대, ② 모니터링 및 관리기구에서 배심원단을 선발해 제보가 들어온 문제적 콘텐츠에 대한 심사와 평가 진행, ③ 조회 수나 유명세가 낮더라도 양질의 콘텐츠를 발굴해 '클린 콘텐츠' 권위를 부여하는 방식으로 자율 규제를 도입하겠다는 내용이다.

규제를 만드는 것은 쉽지만 잘못된 규제가 한번 만들어지면 고치는 일은 무척이나 어렵다. 포털사이트의 '임시 조치'가 대표적인 예다. 임시 조치는 블로그 등 게시물을 통해 피해를 입었다고 주장할 경우 콘텐츠를 차단하고 이의 제기가 없으면 삭제하는 제도를 말한다. 사실과 다른 게시물로 인한 피해를 막겠다는 '선의'가 있지만, 현실은 정치권력이나 경제권력에 대한 비판을 차단하고 삭제하는 용도로 악용된다. 이 문제에 대해 19대 국회는 오랜 기간 공론화를 거쳤지만, 아직까지 아무런 개선이 이루어지지 못했다. 섣부른 규제 도입에 따른 무거운 대가였다.

2016년 저널리즘의 미래 컨퍼런스.

제2부

MCN 혁신가들을 만나다

제1장 크리에이터와 MCN 업체

MCN 글로벌 전략,
인도네시아로 간다

트레져헌터 송재룡 대표

"MCN 콘텐츠의 확장은 좋지만, IPTV에 들어가도 의미가 없을지 모른다. 우리 세대는 게임 '마인크래프트' 동영상을 보지 않기 때문이다. 기본적으로 타깃이 맞지 않는 콘텐츠인데, 플랫폼만 늘리려고 해선 안 된다. 먼저 연령대가 높은 세대에 맞는 새로운 콘텐츠를 개발해야 한다."

송재룡 트레져헌터 대표의 말이다. 그는 "지금 시장이 좁다"면서 타깃 확대를 고민한다. 사드 배치로 얼어붙은 중국 시장 대신 동남아시아 시장에 집중적으로 투자하고 있다. 또 국내에서도 타깃을 1020에서 3040으로 높이는 데 주력한다.

송재룡 대표는 CJ E&M에서 MCN 사업팀장으로 활동하다가

2015년 1월, 독립해 트레져헌터를 차렸다. 지금은 운영하는 채널만 200개가 넘는다. CJ E&M의 다이아TV에 이어 업계 2위 MCN 업체가 되었다. 영국남자, 양띵, 김이브, 악어 등 유명 크리에이터들이 '트레져헌터' 소속이기도 하다.

Q 수익 구조는 어떤 식인지 궁금하다.

"전반적으로 광고의 비중이 큰 편이다. 광고주가 크리에이터를 활용해서 영상을 만드는 '브랜디드 콘텐츠'에서 얻는 수익이 크다. 이외에는 유튜브나 네이버 같은 플랫폼을 통한 광고 수익도 적지 않다. 최근에는 디지털로 물건을 판매하는 커머스도 시작했다. 화장품, 패션, 그리고 육아 제품 등이 대표적이다. 예전에는 홈쇼핑이 있었다면, 앞으로는 '미디어 커머스' 시장이 커질 것으로 전망한다."

Q 브랜디드 콘텐츠나 간접광고 비율이 높으면 콘텐츠 몰입에 방해가 되지 않나?

"직원들에게 권고하는 사항이 있다. 7대 3 혹은 8대 2 비율로 정체성을 지켜야 한다는 내용이다. 콘텐츠를 10개 올리면 순수하게 팬을 위한 콘텐츠가 7~8개가 되어야 하고, 나머지는 광고를 찍거나 협업하라는 것이다. 협찬과 간접광고를 많이 하면 돈은 더 벌겠지만, 홈쇼핑화된다. 홈쇼핑처럼 같은 진행자가 어제는 A 제품을 추천하더니, 오늘은 경쟁사의 B 제품을 추천하면 진정성이 없어 보인다. 또 광고하더라도 채널 콘셉트와 맞게 하기를 권한다. 〈영국남자〉에 나오는 음식이나 식당 대부분은 협찬이 아니다. 그렇기 때문에 크리에이터 본인도

진심으로 추천할 수 있다."

Q 트레져헌터는 글로벌 시장에 적극적인데, 현재 해외 상황은 어떤가?

"중국은 사업 초기부터 투자를 많이 했다. 올해(2017년)부터는 수확할 시기였는데, 중국의 미디어 관련 내부 정책과 사드 이슈 탓에 예측보다 성장하지 못했다. 대신 올해는 동남아시아 시장에 기대를 건다. 기본적으로 트래픽은 '인구'와 '소득'에 비례하기 때문에 국내 시장만으로는 한계가 있어, 아시아로 타깃을 넓혔다. 동남아시아 시장 수익이 크지는 않지만, 리스크가 없다는 이점이 있다."

Q 동남아시아 국가 중 특별히 주목하는 국가는 어느 곳인가?

"태국, 베트남, 인도네시아가 활성화되고 있다. 이 국가들은 유튜브와 페이스북을 많이 본다. 인구도 많고 소득도 높은 편이다. 말레이시아나 필리핀도 하는데 태국, 베트남, 인도네시아보다는 규모가 작다. 인도네시아 자카르타는 직접 가보면 놀랄 정도다. 인구가 2억 5,000만 명에 달한다. 서울보다 도시 규모도 크다. 돈이 모인다는 것이다."

Q 동남아시아는 중국과 같은 규제 변수는 없나?

"중국 시장이 불안했던 가장 큰 이유는 페이스북과 유튜브를 이용할 수 없다는 점이다. 그러므로 영상 하나를 올리더라도 반드시 중국 회사를 거쳐야 한다. 사드 등으로 정부 정책이 바뀌면 곧바로 끊긴다.

반면 동남아시아는 규제가 전혀 없지는 않지만, 글로벌 플랫폼인 유튜브, 페이스북, 인스타그램이 오픈되어 있다는 점이 결정적 차이다."

Q 국내 크리에이터를 진출시키는 전략인가, 현지에서 크리에이터를 모으는 전략인가?

"둘 다 한다. 해외팀이 20여 명인데, 현지에서 인기 있는 이들을 모집하거나 한국 크리에이터를 해외에 알린다. 한국에서는 〈영국남자〉 콘텐츠를 인도네시아어로 올리는 식으로 자막이나 번역 등을 통해 트래픽을 높이는 작업을 한다. 동남아시아에서는 방송인들이 크리에이터를 하기 때문에 그들을 만나 '선점을 잘하면 제2의 양띵이 될 수 있다'고 설득한다. 아직 눈에 띄게 성장한 크리에이터들은 없지만, 충분히 가능성이 있다."

중국처럼 규제 변수가 없는 동남아시아 시장을 공략 중인 트레져헌터의 송재룡 대표.

Q 현지에서 활동하는 대표적인 크리에이터가 있나?

"인도네시아에서 활동하는 가수 이정훈이 있다. 우리로 따지면 〈무한도전〉 출연자 같은 이미지다. 예능 요소가 들어간 프로그램과 인도네시아에 한국을 소개하는 콘텐츠를 만들고 있다. '한국 빵은 인도네시아 빵과 이런 점이 다르다'라고 하는 식이다. 필리핀에는 라이언방이라는 국민스타와 함께한다. 라이언방이 필리핀에 한국의 문화를 소개하고, 반대로 한국에는 필리핀의 문화를 소개하는 식으로 크로스 채널을 만들 계획이다."

Q 현지에서는 어떤 분야가 인기 있나?

"예능과 코미디류가 잘된다. 우리로 따지면 과할 정도로 실험 영상을 하는 식이나 우스꽝스럽게 노래를 부르는 방식이 먹힌다. 이런 콘텐츠를 만드는 크리에이터들이 상위권이다. 이외에는 글로벌 트렌드와 비슷하게 음악, 게임, 뷰티 콘텐츠가 인기를 끈다."

Q 좁은 국내 시장에서 타깃을 늘리는 것도 필요해 보인다.

"30대가 좋아할 만한 콘텐츠를 만드는 것이 관건이다. 아직은 그들의 눈높이에 맞는 MCN 콘텐츠가 많지 않다. 그들의 선호를 반영해서 30대를 위한 모바일 게임 채널, 30~40대 여성이 볼 만한 쇼핑 콘텐츠를 만드는 식으로 새로운 콘텐츠 카테고리를 만들고 개발한다. 아직은 투자 단계라서 수익은 많지 않다. 그러나 이런 방식으로 끊임없이 확장하지 않으면 안 된다. 우리 콘텐츠가 1020세대에 머무르지 않도록 계속 타깃을 넓혀야 한다."

Q 요즘 유튜브나 아프리카TV뿐만 아니라 모바일 IPTV나 카카오 TV 같은 플랫폼이 늘었는데, 유통 경로를 늘리는 것도 수익 다각화를 위한 방법이지 않나?

"맞다. 플랫폼에 들어가고, 제휴하는 것이 좋다. 그런데 콘텐츠를 개발하지 않으면 의미가 없다. IPTV에 들어가 있어도 마인크래프트 콘텐츠면 우리 세대는 안 본다. 타깃도 맞지 않는데, 플랫폼만 늘리기보다는 콘텐츠부터 확장해야 한다. 플랫폼은 비유하자면 이마트, 슈퍼, 편의점이다. 우리는 여기에 다 간다. 그런데 편의점에 가든, 이마트에 가든 내가 사고 싶은 라면을 사지, 나한테 필요 없는 에쿠스를 사지는 않는다. 채널을 확장하면 일시적으로 트래픽은 늘겠지만, 신규 독자들이 한번 보고 재미없으면 다시는 안 보게 된다."

Q 크리에이터 교육도 하는데, 수익 사업 측면에서 접근하는 것인가?

"정부(전파진흥원)와 협력해 새 크리에이터를 발굴한다든지, 현재 활동하는 크리에이터들에게 심화 학습을 하는 방식이다. 심화 학습은 재교육 개념이다. 새로운 장비나 해외 트렌드가 나올 때 혼자서 잘하는 사람도 있지만, 따라가기 힘들어하는 사람도 많다. 또 편집, 연기, 춤 같은 콘텐츠를 풍성하게 만들 수 있는 내용을 알려준다. 당장 수익을 내는 사업이라기보다는 투자 개념이다. 연습생이 많아지고, 지속해서 재교육해야 콘텐츠가 풍성해지고 회사가 성장할 수 있다."

Q 크리에이터를 뽑을 때 어떤 절차를 거치는지 궁금하다.

"우리 회사에는 게임, 뷰티 등 카테고리별로 담당 매니저가 있다. 찾아오는 지원자가 있으면 담당 분야 매니저가 면담한 후 계약하는 방식이다. 카테고리마다 담당자들이 봤을 때 재미있는 채널, 잘될 것 같은 채널이 우선순위가 된다. 크리에이터를 뽑을 때 성실성을 가장 많이 본다. 취미로 하는 분들도 있지만, 우리는 비즈니스를 하기 때문에 프로처럼 활동할 수 있는 사람을 찾는다. 성실하면 1년 동안 참은 후 빛을 보는데, 성실하지 않거나 다른 일을 겸하는 사람들은 도중에 그만두는 경우가 많다."

Q 최근 네이버가 YG엔터테인먼트에 거액을 투자했고, 연예인이 출연하는 V앱이 인기가 많다. 여전히 기존 방송 시장의 연예인이 모바일 시장에서도 파급력을 갖는다고 생각한다.

"접근 방식이 다른데, 네이버나 V앱은 광고 소비 타깃이 3040세대이기 때문에 이들에게 맞는 연예인을 활용한다. 연예인이 모델에 가깝다면 크리에이터는 직접 콘텐츠를 만들고 함께 노는 개념이라는 점에서 다르다. 우리는 크리에이터가 경쟁력이 있다고 본다. 물론 어느 순간에는 서로 영역이 겹치고 전쟁 아닌 전쟁이 일어날 것이다. 장기적으로는 이종 결합이 일어날 수도 있다."

레페리는 어떻게
사드 한한령을 뚫었나?

레페리 최인석 대표

'멘붕'이었다. '한류 열풍'에 힘입어 중국에 진출하거나 진출을 준비했던 한국 콘텐츠 사업자들에게 사드 배치에 따른 중국의 '한한령(限韓令, 한류 수입 제한령)'은 충격적 소식이었다. MCN 분야도 직격탄을 맞았다. 진행되던 계약이 잠정 중단되었고, 동영상 플랫폼의 한국 크리에이터 노출 빈도가 크게 줄었다.

그런데 뷰티 전문 MCN 업체 레페리는 중국 시장에서 타격을 받지 않고, 안정적으로 성장하고 있다. 문화체육관광부는 「한중 협업전략 보고서」에서 레페리를 이례적 성공사례로 언급했다.

어떻게 사드 배치 정국 속에서 안정적으로 사업할 수 있었을까. 최인석 대표는 "현지에서 크리에이터를 육성하는 전략으로 차별화했다"

고 밝혔다. "다른 회사들은 에이전시 역할을 했지만, 우리는 한국의 크리에이터 육성 시스템을 중국에도 적용해 왕홍(중국의 인기 인터넷방송 진행자) 콘텐츠의 퀄리티를 높였다"는 것이다. 2015년 문을 연 레페리는 중국 텐센트 그룹과 함께 뷰티 크리에이터들을 육성하는 프로젝트를 진행해왔다.

레페리의 차별화 전략

최 대표는 한국에서도 크리에이터 '제휴'가 아닌 '육성' 전략을 통해 사업해왔다. "연예인 매니지먼트와 비슷하다. 오디션을 통해 스타성과 성실도 등을 판단한다. 이후에는 촬영, 편집, 기획, 디자인 등 4주 동안 교육을 거치고, 실습영상을 대중에 공개하면서 트레이닝한다. 이들이 연습생이고 이 중에서 최종 합격생들을 정식으로 뽑는 방식이다. 중국 현지 크리에이터 교육은 9박 10일 동안 합숙을 통해 이 같은 과정을 진행했다."

최 대표는 "사드 한한령은 주로 콘텐츠 중심의 제재였다. 텔레비전이나 중국의 유튜브 같은 '유쿠'에서 연예인이나 한국 크리에이터의 노출을 막은 것"이라며 "반면 커머스는 '타오바오' 등 상거래 사이트 중심이라 피해가 적었던 것 같다"고 밝혔다. 결과적으로 콘텐츠보다 커머스에 주목한 점도 호재로 작용했다는 의미다.

그렇다면 중국에서 한국 MCN이 인기를 끄는 배경이 무엇일까? "중국은 라이브 중심으로 발전했기 때문에 콘텐츠 퀄리티 자체는 높지 않다. 홈쇼핑 쇼호스트처럼 상품을 파는 것이 중심이다. 반면 한국은 브랜디드 콘텐츠 중심이라 영상 편집, 자막의 퀄리티가 높은 편이다. 중국인들이 한국 콘텐츠를 보면 꽤 놀란다. 이 같은 양질의 콘텐츠를 내세우며 국내 크리에이터가 진출하고, 현지에서 크리에이터를 육성해왔다." 최 대표의 말이다. 국내 크리에이터 다또아는 중국에서 순위권에 드는 뷰티 크리에이터다. 중국 내 구독자만 200만 명 가까이 된다. 상하이를 걸어 다니면 연예인처럼 사람들이 알아볼 정도다.

또 하나의 전략. 레페리는 '뷰티 분야'의 크리에이터만 뽑는다. CJ E&M의 다이아TV와 트레져헌터 등 MCN 업체들이 다양한 분야의 크리에이터들과 계약해 규모를 키운 것과 대조적이다.

중국의 '한한령'에도 타격을 받지 않고 안정적으로 성장한 뷰티 전문 MCN 업체 레페리의 최인석 대표.

최 대표는 한 분야에 집중해 마케팅을 '고도화'하는 전략이라고 강조했다. "우리는 유일한 '뷰티버티컬기업'이다. CJ E&M의 목표는 미디어 기업이고 이를 위해 다양한 크리에이터가 필요한 것이다. 우리와 가는 길이 다르다. 크리에이터 수나 총 구독자 수는 CJ E&M이 많지만 뷰티 분야 마케팅비즈니스를 통한 브랜드 장악력은 우리가 앞선다고 자부한다. 다양한 분야를 다루면 우리처럼 노하우가 고도화되기 어렵다. 회사 규모는 작지만 크리에이터 입장에서도 우리 회사가 더 매력적일 수 있는 이유다."

커머스를 강화하는 데이터랩 운영

레페리 조직을 살펴보면 독특한 점이 눈에 들어온다. '데이터랩'이다. '고도화 전략'의 실체를 이 사업부에서 찾을 수 있었다. '데이터랩' 이야기를 꺼내자 최 대표는 책상에서 보고서 한 권을 꺼내왔다. 레페리가 월 단위로 브랜드에 전달하는 보고서다. 국내 뷰티 콘텐츠를 전수 조사한 다음 '브랜드', '제품' 단위로 얼마나, 어떻게 노출되었는지가 담겨 있었다. 5월 자료를 보면 238명의 뷰티 크리에이터가 8,960개의 콘텐츠를 만들었고 646개 브랜드, 3,569개 제품이 노출되었다.

여기에 그치지 않고 전체 브랜드 노출 빈도 중에서 특정 브랜드 순위가 어느 정도인지, 인기 있는 크리에이터가 특정 브랜드를 어떤 세대에게 노출했는지까지 분석하고 솔루션을 제시한다. A 브랜드의 경우 노출된 크리에이터 숫자는 많은 편인데, 제품 품목 수가 적다는 결과가 나오면 다품목으로 전환해야 한다고 조언하는 식이다.

레페리는 커머스를 획기적으로 강화하는 것이 목표다. 데이터랩의 데이터도 커머스에 활용할 계획이다. "한국은 톱 크리에이터가 브랜드와 한 달에 2번 협업해 2,000만 원씩 받아 1년에 5억 원가량 버는 수준이다. 톱 크리에이터가 이 정도라면 산업적으로 한계에 직면한다. 그래서 커머스에 도전하는 것"이라고 최 대표는 설명한다.

과실을 보려면 장기적 관점이 필요하다

중국 진출은 중국에 콘텐츠를 판매하는 목적도 있지만, 동시에 중국 시장에서 배우려는 목적도 있다고 한다. "중국에 퀄리티 높은 콘텐츠 전략이 유효했다면, 우리는 한국에 중국에서 배운 커머스 판매 노하우를 적용할 수 있다"는 것이다.

물론 배워서 써먹을 곳을 아직은 찾기 힘들다. 중국의 쇼핑 사이트인 알리바바의 '타오바오'는 접속하면 '크리에이터 세션'이 있고 원하는 크리에이터를 클릭하면 그가 옷, 화장품 등을 라이브로 시연하는 모습이 나온다. 영상을 보다 클릭하면 바로 제품 구매로 이어진다. 최 대표는 한국에도 이 같은 커머스 서비스가 본격화될 것으로 내다봤다. "중국은 20대를 기반으로 이런 콘텐츠를 즐기고 있고, 팬덤이 형성되어 있다. 한국에도 이러한 크리에이터 커머스를 입힐 수 있는지 실험할 것이다."

MCN 시장에 대해서는 기대와 우려가 공존한다. 초창기 대규모 투자가 이어지던 상황이 끝나고 적지 않은 업체가 '흑자 전환'에 어려움을 겪었다. 거품이 꺼지는 것 아니냐는 의심까지 나온다. 최 대표는 "주식 투자를 많이 하는데 새로운 패러다임의 변화가 있으면 처음에 반짝하고 가라앉는다. 그러다 장기적으로 다시 올라가게 된다"면서 "3일 만에 전 국민의 시청 패턴이 바뀌어 유튜브로 영상을 모두 보지는 않는다. 지금 10대가 자라 30대가 되고 이들이 주 소비층이 되었을 때를 봐야 하는 것"이라고 강조했다.

그는 일부 업체의 성과가 부진한 이유로 '해외 진출'의 성과가 늦게 나타날 수밖에 없다는 점을 꼽았다. "미국은 인구가 많으니 광고 수익만으로도 먹고살 수 있지만, 한국은 시장이 작아 해외 진출이 필수적이다. 우리 업체도 작년(2016년)에 국내 사업만 했으면 금방 흑자를 냈을 텐데, 중국 진출을 시도하니 시간이 더 걸린다. 지금은 좀더 지켜봐야 할 때다. CJ E&M의 방송 사업은 한때 '부회장이 취미로 하는 사업'이라는 평가가 있었지만, 오랜 기간 투자한 결과 콘텐츠로 성공하지 않았나. 과실을 보려면 2~3년 더 지켜봤으면 한다."

중국 시장에서 안착한 레페리는 동남아시아 시장 진출을 시도한다. "이제 중국에서는 한류가 식어가는 반면, 동남아시아는 여전히 뜨겁다"는 점이 투자 이유다. "다만 중국은 하나의 나라인데 동남아시아는 다른 문화의 개별 국가들로 이루어져 있는 데다 구매력도 높지 않다는 점이 애로사항이다. 그러나 성장률이 중국의 5배이고 이곳 사람들은 한국을 정말 좋아한다. 여기서 커머스가 '터질 날'이 곧 올 것이라고 본다. 전초 기지를 미리 세워두려 한다."

'캐리'에서 '지니'로 변신한 강혜진의 도전

키즈 크리에이터 헤이지니

"친구들 안녕! 헤이지니의 지니로 돌아온 혜진이에요." 키즈 콘텐츠계에서 '캐통령'으로 불리는 1대 캐리 강혜진 씨가 '헤이지니'로 돌아왔다. 캐리로 활동하던 그가 캐리소프트를 떠난 지 3개월 만이었다. '컴백' 동영상은 100만 조회 수를 기록했고, 1만 개가 넘는 댓글이 달렸다. 유튜브 채널을 개설한 지 한 달도 지나지 않아 채널 구독자는 28만 명을 기록했다.

강혜진 남매가 과거 몸담았던 캐리소프트는 장난감 포장을 풀고 조립하거나 갖고 노는 '언박싱' 분야를 국내 정서에 맞게 제작해 성공했다는 평가를 받는다. 아이들이 궁금해하는 장난감을 갖고 놀면서 함께 소통했다. 캐리소프트는 뮤지컬, VOD 등을 통해 사업도 다각화했다. 그곳에서 강혜진 씨는 중심이었다.

그런데 강혜진 씨는 재계약하지 않았다. 양측 주장이 엇갈리는데, 내부 사정이 어떻든 하차 소식은 팬들에게 충격적이었다. 팬들은 캐리 교체를 알리는 영상에 '싫어요'를 누르며 반발했다. 그렇게 화면을 떠났던 강혜진 씨는 오빠 강민석 씨와 함께 독립해 키즈웍스라는 회사를 차려 다시 콘텐츠를 만들기 시작했다.

내가 갖고 놀았을 때 재미있어야 한다

책상 위에서 강혜진 씨가 정면을 바라보고 특유의 '솔'톤으로 말을 건네는 모습은 이전과 크게 다르지 않다. 강혜진 씨는 "장난감을 리뷰하지만, 그보다는 아이와 가족이 함께할 수 있는 '상황극'과 '만들기'에 주력한다"고 설명했다. 보노보노 인형 세트를 갖고 인형과 대화하거나 '레고 젤리', '솜사탕 아이스크림' 같은 어린이용 음식을 만드는 식이다.

헤이지니의 장난감 리뷰는 대본을 만들지 않는다. "우리는 정말 현실 남매. 오빠와 연년생이다 보니 어릴 때 장난감을 갖고 같이 놀았다. 그 모습 그대로 보여주었더니 아이들이 좋아해준 것 같다." 따로 대본도 없고, 즉흥적으로 만들어진 콘텐츠가 대부분인 것도 '자연스러움'을 강조하기 때문이다. 인형 뽑기를 할 때 예상치 못한 인형이 나오자 정말 놀라고, 젤리를 만들 때 재료 비율을 잘 맞추지 못하는 모습도 자연스럽다.

"가장 중요한 것은 '내가 이것을 갖고 놀았을 때 재미있겠다'는 생각이 들어야 한다는 사실이다. 2년 동안 해본 결과 내가 재미있지 않으면 티가 많이 났다. 그래서 제작을 해놓고 유튜브에 올리지 않은 영상도 꽤 많다. 연기를 자연스럽게 하지 못할 때도 없는다. 반면 잘될 때는 30분 만에 녹화를 끝내기도 한다." 강혜진 씨의 말이다.

이전과 다른 콘텐츠도 준비한다. 키즈윅스에는 2개의 스튜디오가 있다. 하나는 캐리소프트 스튜디오와 크게 다르지 않은 모습인데, 다른 스튜디오는 가정집 방처럼 바닥에 장판이 있고 장난감이 널브러져 있다. 강혜진 씨는 "실제 아이들은 마룻바닥에 앉아 장난감을 갖고 논다. 우리 남매도 그런 방식으로 콘텐츠를 만들 예정"이라고 말했다.

장난감은 어떻게 고를까. 강혜진 씨는 2주에 한 번씩은 꼭 '시장 조사'를 한다. 아이들이 원하는 것이 무엇인지 알기 위해서다. "동대문,

헤이지니 강혜진 씨는 캐리소프트에서 독립한 후 오빠와 함께 키즈윅스라는 회사를 차려 콘텐츠를 만들고 있다.

목동 등 여러 곳을 돌아다니며 발품을 판다. 도매 가게에 들어가면 문방구에 입고된 물품들이 가장 맨 앞에 깔려 있다. 이것을 보면 최신 트렌드를 잘 알 수 있다. 최근에는 손으로 갖고 노는 '피짓스피너(Fidget Spinner, 손가락으로 중앙 부분을 잡고 돌리는 장난감)'가 인기가 많다. 신제품이 아니더라도 좋은 제품을 종종 '득템'할 수 있는 것도 도매의 장점이다."

독자의 반응을 보고 원하는 콘텐츠를 만드는 것도 중요하다. 강혜진 씨는 크리에이터에게 가장 중요한 자질로 '피드백'을 꼽았다. "처음에는 만들기 영상들을 올렸는데, 아이들이 '장난감은 왜 안 해요?'라고 묻는다. 그러면 장난감 영상을 계속 올리는데, '액체 괴물 영상은 왜 안 만드냐'고 묻길래 '내일 올라간다'고 답변했다. 오늘 찍을 계획이다." 헤이지니 유튜브 채널에 가면 독자 댓글에 일일이 달린 답글을 볼 수 있다.

최대 고민은 교육적이면서 재미있는 콘텐츠

본명보다 '원조 캐리'로 유명한 강혜진 씨는 MBC, KBS 같은 지상파에도 출연해 '뉴미디어'와 '올드미디어'를 넘나든다. 이달 초에는 MBC 〈마이 리틀 텔레비전〉에 출연해 주목받았고, KBS에서는 어린이 프로그램 〈TV 유치원〉 메인 MC를 맡았다.

"KBS 제작진은 '왜 우리는 25명인데 2명이 제작하는 콘텐츠보다 조회 수가 낮을까'라고 의아해한다. 하고 싶은 것을 자연스럽게 방송하는 것이 좋다고 생각한다. 교육적인 내용을 방송해야 하고, 심의 때문에 제약이 전혀 없지는 않다. 하지만 내가 어떤 대사를 할지, 행동할지에 대한 지시가 일일이 내려오지 않는다. 교육적이면서도 재미있는 콘텐츠를 만드는 것이 고민이다."

캐리소프트에서 왜 떠나게 되었는지, 사실 팬들이 가장 궁금해하는 대목이다. 강혜진 씨는 "아무래도 회사 소속이다 보니 자유롭지 못했다"며 조심스럽게 입을 열었다. "좀더 자유로운 창작 활동이 좋겠다고 생각했다. 캐리는 나 자신이 아닌 캐릭터다 보니 아이들을 만날 때 (내가 아닌) 다른 사람이라는 생각도 들더라. 나로서 다가가고 싶었다."

캐리소프트가 강혜진 씨 남매의 독립 및 CJ E&M과의 계약 과정을 비판하는 데도 키즈웍스가 전면으로 나서지 않는 이유 역시 팬들은 궁금해한다. 강민석 씨는 "일일이 대응하고 스트레스를 받으면서 영상을 찍고 싶지는 않다. 그것은 우리 모습을 좋아해주는 친구들한테 배신이라고 생각한다"고 밝혔다.

강혜진 씨가 이어 말했다. "누구의 탓을 하려는 것이 아니다. 사람이니 상처받을 때도 있고, 힘들 때도 있다. 그래서 아예 그만두려고도 했다. 그때 같이 일했던 분이 '네가 아이들을 선택한 것이 아니라, 아이들이 너를 선택한 것'이라고 했다. 도대체 내가 뭐라고 누군가에게 기쁨이 되는 것일까, 나는 아무것도 아닌데. 돌아오니 어머니들이 '우리 아이를 위해 돌아와줘서 고맙다'는 말을 많이 하셨다. 무거운 책임감을 느낀다. 좋은 영상을 만드는 것이 우리가 할 일이라고 생각한다."

〈무한도전〉 '유느님' 능가하는 유튜브 '도티님'

샌드박스네트워크 나희선 콘텐츠 총책임자

"학교에서 친구가 이상형 누구냐고 물어봐서 도티님이라고 했는데 친구가 라이벌이 늘었다고 ㅋㅋㅋ." 성인들에게 도티라는 이름은 생소하다. 그는 애니메이션 캐릭터나 연예인이 아니다. 게임 방송을 주로 하는 MCN 크리에이터로 10대에게는 뽀로로 못지않은 '초통령'이자, 10대판 〈무한도전〉을 제작하는 콘텐츠 제작자다. 팬 카페 회원만 8만 명에 달하고 유튜브 채널 구독자만 182만 명에 달한다. 올리는 영상마다 조회 수 수십만을 기록한다. 최근에는 메가박스 '도티 잠뜰콤보' 팝콘세트가 나오고, 서점 어린이 책 코너에 '도티 스토리북'이 진열되는 등 오프라인에서도 막강한 영향력을 확인할 수 있다.

게임 플레이를 보여주는 인터넷 방송은 크리에이터나 MCN이라는 용어가 생소한 시절부터 있었다. 그런데 유독 도티라는 이름으로 활동하는 나희선 샌드박스네트워크 콘텐츠 총책임자가 독보적인 입지를 굳혔다. 그는 최적의 게임을 찾았고, 10대의 특성을 이해하면서 소통했고, 데이터 활용으로 큰 그림을 그렸다.

Q 왜 마인크래프트를 방송에 담게 되었나?

"보통의 게임과는 다르다. 마인크래프트는 특정한 스토리를 따라가지 않고, 세계관을 창작자가 만들 수 있다는 특징이 있다. 기획, 연출, 촬영을 할 수 있는 디지털 스튜디오로 보면 된다. 대학 다닐 때 방송사 PD를 준비했던 경험이 마인크래프트로 더 나은 콘텐츠를 만드는 데 도움이 된 것 같다. 유튜브에서 영상을 보고 구독하는 소비 습관이 자리 잡은 10대가 마인크래프트를 좋아하기도 했다."

Q 게임 중계를 하는 인터넷 방송은 많은데, 도티의 차별성은 무엇인가?

"다른 크리에이터의 주력 플랫폼은 아프리카TV였고, 이들은 유튜브를 다시보기 영상을 올리는 플랫폼으로 부수적으로 활용했다. 반대로 나는 주력 플랫폼으로 유튜브를 선택했다. 아프리카TV는 라이브 스트리밍 전문 플랫폼이고, 유튜브는 완결된 영상을 소비하는 플랫폼이라는 점이 다르다. 실시간으로 경쟁해야 하는 아프리카TV의 콘텐츠는 정제되지 않은 날것이 많고 자극적이다. 반면 유튜브는 콘텐츠의 완결성이 더 중요하다. 유튜브에 걸맞게 완결된 이야기를 콘텐츠로 만들었다."

가장 인기 있는 콘텐츠는 어떤 스타일인가?

"극이 있는 콘텐츠, 다시 말해 상황극이 가장 인기가 많다. 〈꿀벌 대소동〉 같은 작품을 마인크래프트로 구현하고, 다양한 시리즈를 만들었다. 퀴즈를 풀거나 미니 게임을 하고, 〈무한도전〉처럼 추격전을 하는 것도 재미있지만, 이런 콘텐츠는 이용자 입장에서 다시 보고 싶지 않을 수 있다는 점이 한계다."

마인크래프트는 특정한 스토리를 따라가지 않고, 세계관을 직접 만들 수 있다는 특징이 있다.

Q 스토리텔링이라면 전통 미디어가 훨씬 더 잘하지 않나?

"상황극만 만든다고 되는 것이 아니다. 전통 미디어는 10대의 목소리를 반영하고 10대의 언어로 콘텐츠를 만들지 않는다. 자캐(자기 캐릭터)를 만드는 등 10대만의 문화가 있다. 대화할 때 어미가 다른 식으로 소통방식도 다르다. 그러한 것을 더 적극적으로 수용해서 콘텐츠를 만들었다. 마인크래프트의 '네모네모'(레고처럼 각이 진 캐릭터와 배경의 특성)한 면과 아기자기한 스타일 역시 10대에게 효과적으로 작용했다."

Q 10대의 소통방법을 알려고 공부한 것인가?

"공부를 많이 했다. SNS나 페이스북을 하지 않고 10대가 많이 하는 카카오스토리를 썼다. 10대가 자신들의 이야기를 포스팅한 글들을 읽고 연구했다. 물론 쉽지 않았다. 처음 방송을 시작했던 4년 전 이미 28세였으니까. 시행착오를 겪으면서 접점을 찾았다. 시험을 준비하는 것처럼 공부하고 정답을 맞히는 것이 아니라 실제 방송을 하면서 피드백을 통해서 성장했다. 지금은 열심히 공부하지 않아도 온종일 10대와 소통하다 보니 자연스럽게 체득하게 된다."

Q 10대의 콘텐츠 소비 습관은 어떤 점이 다른가?

"적극성이 다르다. 10대는 그들이 좋아하는 이야기를 하는 사람을 알아서 찾아간다. 20대만 해도 유튜브에서 영상을 보지만, 대부분 직접 채널을 구독하고 팬이 되지는 않는다. 20대 이상은 스스로 콘텐츠를 찾지 않고, 텔레비전에서 나오는 콘텐츠 중에서 마음에 드는 것을 발견하는 데 익숙하기 때문이다. 따라서 10대를 대상으로 했을 때는 개개인의 취향을 저격할 수 있는 콘텐츠로 소통해야 한다."

Q 10대는 전통 미디어를 어떻게 바라보나?

"그들에게 가장 재미있는 콘텐츠는 텔레비전이나 영화관이 아닌 유튜브에 있다. 지금 10대가 성장해서 문화 트렌드를 선도하면 텔레비전 앞에 앉아서 리모컨을 누르고, 영화관에 가는 것보다 디지털 플랫폼에서 크리에이터들의 콘텐츠를 즐기는 것을 선호할 수 있다. 그런 면에서 기존 미디어도 체질을 개선해 이들 세대의 이야기를 들어야 한다. 실제로 10대에게 물어보면 텔레비전을 전혀 안 보는 친구들이 적지 않다. 기성 세대와 달리 인터넷 콘텐츠는 질이 떨어지고 텔레비전 콘텐츠가 질이 높다고 생각하지도 않는다. 더는 채널이나 전파를 갖는 것만이 유의미하지 않다. 사용자에게 맞는 재미있는 콘텐츠를 만드는 것이 더욱 중요하다."

Q 직접 데이터 관리를 했다고 들었다.

"공부를 많이 했다. 유튜브 관련 책을 집필하려고 데이터 관리를 체계적으로 공부할 기회가 있었다. 6개월간 매주 1~2회씩 구글에 출근 도장을 찍으면서 유튜브와 구글에 대해 공부했다. 가

유튜브 채널 구독자만 182만 명에 달하는 크리에이터 도티.

장 중요한 것은 누가 뭐래도 콘텐츠의 질이지만, 콘텐츠를 아무리 잘 만들어도 대충 던져놓기만 하면 아무도 안 본다. 발견되는 노력을 하는 것도 중요하다. 그것을 간과하는 사람이 많다."

Q 데이터 관리는 어떻게 하는가?

"제목 하나를 쓸 때도 모바일 환경에서는 PC와 노출되는 글자 수나 느낌도 다르다. 최적화된 글자 수를 체크했다. '더보기'를 누르지 않아도 나오는 텍스트 내에서 핵심 설명을 담으려고 했다. 태그도 중요하다. 유사 콘텐츠와 매칭이 잘되도록 관련 검색어와 인기 키워드를 활용하면 노출량이 많아진다. 동일한 소재의 영상을 시리즈로 만들거나 재생 목록을 만들거나 섹션을 만드는 것도 중요하다. 이때 예쁜 이미지를 써야 한다."

Q 시청 패턴도 일일이 파악하나?

"이탈률을 분석한다. 유튜브 영상이 10분짜리면 10분 동안 이용자들이 어떻게 시청하는지 그래프가 나온다. 그냥 건너뛰면 그래프가 아래로 떨어지는 식이다. 주기적으로 모니터링하면서 '어떤 진행이 재미가 없구나', '여기서는 긴장감을 더 줘야겠구나'라고 판단한다. 이것을 일일이 체크하지 않는 크리에이터들이 많은데, 지속적으로 데이터를 보면서 이용자 반응에 따라 내용을 개선하는 것이 중요하다."

Q 초창기엔 밑 빠진 독에 물 붓는 심정이었을 것 같은데, 이용자가 급증한 계기가 있나?

"밑 빠진 독에 물을 부으면 아무것도 안 남지만 유튜브는 누적된다. 지금도 내가 4년 전 처음 올린 영상의 조회 수가 올라간다. 그래서 조급하게 생각하지 않았다. 요즘 이 생태계가 주목받으면서 '성공 비결'을 많이 찾는데, 중요한 것은 공부에는 왕도가 없다는 사실이다. 장기적으로 5년, 10년 정성껏 성실하게 콘텐츠를 만들어야 한다. '대박' 한 방이 아니라 '소박'을 계속 터뜨려야 성공할 수 있다. 물론 유튜브도 최근에 올린 영상이 압도적으로 조회 수가 높고, 예전 영상의 집중도는 확실히 떨어진다. 다만 유튜브는 주제가 비슷한 콘텐츠를 추천 동영상, 관련 동영상으로 매칭하는 기술이 좋다. 예전 영상이라도 좋은 영상이 있으면 트래픽이 올라가는 구조다."

Q 아직도 MCN 산업에 반신반의하는 시선이 많다.

"이 산업의 미래는 긍정적이다. 확실히 가능성이 있다고 본다. 북미권에서는 디지털 공간이 개인 창작자들로 채워지고 있고, 오프라인에서 실감할 만큼 크리에이터의 인기가 많다. 콘텐츠 방향성의 미래에 대해서는 고민이 많다. 콘텐츠 시장이 기존의 방송과 영화처럼 투자를 많이 할수록 성공할 수 있다는 고정관념을 깨야 한다. 실제로 우리가 어느 정도 편견을 깼다고 생각한다."

Q 전통 미디어와 협업은 어떤 식으로 이루어지는가?

"현재 애니메이션 전문 케이블 채널인 애니맥스에 유튜브에 올린 콘텐츠를 그대로 송출했는데, 채널 내 시청률 1위가 나왔다. 프리미엄 콘텐츠를 바라보는 기존의 기준이 허물어지는 중이라고 생각했다. 기존 미디어와 어떻게 생태계를 키워갈지가 관건이다. 전통 미디어도 체질을 개선하고, 우리도 콘텐츠의 질을 높이면서 균형을 맞추는 거다."

Q 장기적 계획이 궁금하다. 기존에 확보한 독자들과 함께 늙어갈 것인가. 아니면 끊임없이 새로운 독자를 맞이할 것인가?

"학교 선생님이 될 것인지, 아니면 친구가 될 것인지의 문제다. 학교 선생님은 그 자리에 계속 있고 학생들은 같이 늙어간다. '친구 같은 선생님'이 되는 것이 최선이겠지만, 아직 정답을 잘 모르겠다. 우선 핵심 채널에서 10대와 함께 성장해가고, 서브채널로 새로운 세대를 유입하는 방식을 고려한다."

10대를 위한 뉴스는
왜 없나요?

뉴스 크리에이터 국범근

"야, 지랑 안 맞는다고 친구 왕따시키고 이간질하는 애들 진짜 '개 별로'지 않냐." 대뜸 반말이 나온다. 친구 이야기를 하나 싶은데 "그런 데 무려 청와대가 자기들과 뜻이 다른 문화예술계 사람들을 왕따시켰 다는 정황이 드러났다"면서 뉴스를 쏟아낸다.

페이스북 타임라인을 내리다 보면 발견하는 〈범근뉴스〉라는 콘텐 츠는 이런 식이다. 뭐 하는 사람인지 궁금해서 페이스북 페이지를 들 여다보면 '최고존엄 국범근'이라는 글귀가 눈에 들어온다. "나는 스스 로를 '관종(관심종자)'이라고 부른다"는 '똘끼' 충만한 뉴스 크리에이터 국범근. 자신의 이니셜을 딴 쥐픽쳐스라는 브랜드를 운영한다.

국범근 대표는 뉴스 MCN 크리에이터다. 특정 분야에 대한 뉴스형 해설 MCN은 있지만, 정치 사회 현안을 다루는 MCN은 흔치 않다. 그것도 언론인이나 평론가 타이틀을 달지 않은 21세 청년이 진행한다. "우리 세대의 관점을 대변하는 뉴스가 없다. 물론 50대 아저씨들이 모여서 하는 팟캐스트는 많지만 10~20대가 직접 시사 현안에 대해 밝히는 콘텐츠는 없었다." 국범근 대표가 〈범근뉴스〉를 만들게 된 배경이다.

친구에게 뉴스를 설명하는 콘셉트

'반말'로 전달하는 방식은 낯설다. 국범근 대표는 "〈범근뉴스〉 콘텐츠는 타깃층이 나와 같은 세대이기 때문에 친구에게 뉴스를 설명하는 콘셉트로 진행한다"고 말했다. "보통 무슨 일이 벌어지면 친구의 의견을 궁금해하지 않나. 나도 또래이기 때문에 지식의 양에는 한계가 있다. 이를 전제하고 하나의 의견을 대화를 건네듯 전달한다."

단순히 소식을 나열하지 않는 방식도 같은 맥락이다. 특정 이슈가 있으면 하나의 관점을 갖고 집중적으로 문제를 제기하는 콘텐츠가 많다. "시위하는 사람들 보고 '선동 잘 당한다'고 이야기하는데, 나는 그런 말이 가장 선동적이라고 생각해." "이딴 식으로 지질하게 (문화예술계) 블랙리스트나 만들고 있으니. 세금 받아먹으면서 할 일이 그렇게 없냐."

국범근 대표는 "굳이 분류하자면 논평과 칼럼에 가깝다"고 강조했다. 디지털 환경, 특히 MCN 크리에이터로서 뉴스를 다루면서 무미건

조하게 사실 관계만 보도하지 않고, 분명한 관점을 제시하는 것이 필요하다고 본 것이다. 또래 독자도 사실 전달이 아니라 관점에 주목한다. "여기 좋은 것 같아", "이 사람 봐봐", "국범근은 이렇게 생각한다"는 식으로 코멘트하고 콘텐츠를 공유한다.

쥐픽쳐스의 국범근 대표.

　　이슈 선정 방식도 색다르다. 방송사 저녁 뉴스와 신문 1면에 나올 만한 굵직한 정치 사회 현안을 피하려고 노력한다. 〈범근뉴스〉를 보면 세월호 참사, 문화예술계 블랙리스트 논란 같은 주요 현안도 있지만 '서든어택과 여성 혐오 논란', '설리 인스타그램 논란', '프로듀스 101 프로그램 비평' 같은 젊은 세대의 관심사와 시사적 문제를 연결하는 데 주력한다.

　　"내가 흔히 저지르는 실수 중 하나가 기성 언론의 뉴스가 선정해주는 뉴스 가치 비중과 순서에 따라 움직이는 것이다." 국범근 대표는 "기성 언론의 뉴스 가치와 10~20대가 생각하는 뉴스 가치가 다르다. 독자들이 궁금해하고 호소력을 가질 만한 뉴스 콘텐츠가 무엇인지 예민하게 보려고 노력해야 하는데 쉽지 않다"고 덧붙였다.

　　왜 젊은 세대에게 뉴스를 보여주어야 할까. 국범근 대표는 같은 세대로서 청년의 정치 효능감이 사라진 현실을 지적했다. "지금 10~20대가 정치에 관심이 없다고 비판받지만 관심이 없을 수밖에 없다. 사회에 관심을 가지면 '어린 놈이 공부나 해라'는 말이 나온다. 하다못해 교육감 선거조차도 투표권을 행사하지 못하니 정치를 내 것이라고 느끼기 힘들다. 이 상황을 바꾸기 위한 첫걸음으로 현안에 관심을 두도록 돕는 것이 필요하다고 봤다."

〈범근뉴스〉는 제작비가 거의 들지 않는다. 혼자 만들고, 2~3일에 한 편씩 찍는다. 최근 MCN이 방송사 못지않은 규모의 제작비와 인력을 동원하는 것과 대조적이다. 그를 보면 관건은 '기획력'이라는 점을 실감한다.

그러면서도 "돈이 반드시 중요하지 않지만, 사실 요즘은 개인으로서 한계를 느끼기도 한다. 기가 죽을 때도 많다"는 토로가 이어졌다. SBS 모비딕, 피키캐스트를 비롯한 규모가 큰 회사가 MCN 사업에 뛰어들면서 이들과 경쟁하기 쉽지 않다는 것이다. 더군다나 국범근 대표는 2016년 대학에 입학하면서 학교 생활과 크리에이터 생활을 같이하는 것이 쉽지 않아졌다. "특히 시사 이슈를 바탕으로 하는 콘텐츠는 최

〈범근뉴스〉는 단순히 소식을 나열하기보다 이슈가 있으면 하나의 관점을 갖고 집중적으로 문제를 제기하는 방식으로 진행된다.

대한 빠르게, 자주, 많이 생산하는 것이 중요한데 혼자서 하기에는 무리가 있다는 점을 느낀다. 그래서 조만간 팀원을 모으려고 한다."

10~20대 관점을 담은 다양한 콘텐츠로 승부

〈범근뉴스〉만 있는 것은 아니다. 한때 인기를 끌었던 〈한국 역사 인물 랩배틀〉 연재를 다시 시작했다. '정몽주 대 정도전', '김좌진 대 안창호', '영조 대 사도세자' 등 역사 속 라이벌이 랩배틀을 펼치는 콘셉트다. 정몽주가 "레볼루션? 그전에 우선 어디 있어 충절"이라고 '디스'하면 정도전은 "성계 형은 인생의 동반자 파트너, 이만 갈게 썩어빠진 왕조 바꾸러"라고 답하는 식이다. 역사적 사실을 기반으로 하면서도 랩 특유의 라임(운율)을 살렸다. 이 콘텐츠는 30만에서 40만 조회 수를 기록하며 화제를 모았다.

이는 미국에 있는 〈COME & GET IT, EPIC RAP BATTLES OF HISTORY〉라는 콘텐츠를 패러디한 것이다. '스티브 잡스 대 빌 게이츠', '힐러리 클린턴 대 도널드 트럼프' 등의 랩배틀이 대표적이다. 국범근 대표는 "10~20대 학생들은 역사 공부가 재미없고 딱딱하다고 느낀다"면서 "미국의 역사 인물 랩배틀 콘텐츠를 보고 재기발랄하다고 느꼈다. 우리나라 역사 속 인물도 힙합 분야로 재해석하면 유익하고 재미있을 것이라고 생각했다"고 말한다. 그가 바란 대로 수업 때 자신이 만든 영상이 교재로 활용될 때도 있다고 한다.

〈한국 역사 인물 랩배틀〉 1, 2편은 국범근 대표가 고등학생 때 제작했다. 제작비를 줄이려고 최대한 노력했지만, 의상 대여비만 해도 50만 원에서 100만 원 정도 들었다. 여기에 인건비, 스튜디오 비용도 들어갔다. 래퍼들을 수소문해 함께 가사를 쓰고, 랩을 더빙했다. 연기는 직접 나서기도 한다. 제작비 문제로 1년 가까이 제작이 중단되었으나, 한국콘텐츠진흥원 공모에 선정되어 다시 시작했다.

국범근 대표는 10~20대의 관점을 녹여낼 수 있는 다양한 콘텐츠 제작을 이어오고 있다. 또래를 인터뷰해 고충을 듣는 〈사이다 인터뷰〉가 대표적이다. '예체능을 빡치게 하는 말들' 편에선 예체능계 학생들의 고충을 듣는다. 대뜸 "연기를 해보라"거나 "애인과 만난 지 100일이 되었는데 (대가 없이) 그림 좀 그려달라"는 부탁이 그들에게는 스트레스가 되었다는 내용이다. 최근에는 '학교에서 생리 때문에 빡치는 순간들' 등 청소년 문제와 관련된 내용을 이야기하는 젤리플로 주목받는다.

국범근 대표에게 가장 큰 과제는 수익성이다. 뉴스 브리핑 콘텐츠 특성상 다소 딱딱해질 수밖에 없는 점도 개선하려고 고민 중이다. "돌이켜보면 처음에는 수행 평가를 하려고 영상을 만들었다. 그러다 고등학생 때 교내 UCC 대회에 참가해 학생회 선거를 시사 현안에 빗대 풍자하면서 흥미를 느끼게 되었다. 앞으로도 우리 세대가 공감할 수 있고, 우리 세대에 호소할 수 있는 콘텐츠를 만들고 싶다. 요즘은 한 달에 특강을 1~2회씩 하게 되어 돈을 좀 벌지만, 순수하게 콘텐츠만으로 버는 돈은 교통비 정도밖에 안 된다. 고민이 많은데, 일단은 열심히 활동해 더 널리 알려져 구독자를 늘리는 것이 정답이라고 본다."

화장에 스토리텔링을
입힌 여자

뷰티 크리에이터 킴닥스

"너! 왜 이렇게 말랐니!" 전지현 커버 메이크업을 하면서 드라마
〈푸른 바다의 전설〉에서 전지현이 마른 문어 안주를 보고 하는 대사를
패러디한다. 드라마 〈닥터스〉에서 의사로 출연한 박신혜가 메이크업
할 때는 '속눈썹 집도' 같은 수술용어에 빗댄 표현을 쓴다.

뷰티 콘텐츠지만 화장하는 모습만 나오지는 않는다. 2016년 한 해
동안 구독자 20만 명이 늘어나는 등 가장 빠르게 성장한 유튜브 크리
에이터 킴닥스(김다은)의 뷰티 콘텐츠는 화장에만 집중하지 않는다.
21세 때 처음 뷰티 영상을 제작해 3년째 관련 영상을 만드는 그를 만
났다.

Q 유튜브 채널을 운영하게 된 계기가 무엇인지 궁금하다.

"원래 영화를 만드는 것이 꿈이었다. 내가 만든 영상을 올릴 수 있으므로 유튜브를 시작했다. 첫 영상은 친구들과 여행을 가는 내용을 담았다. 이후 〈겨울왕국〉 캐릭터가 한복을 입고 새해 인사를 하는 애니메이션 영상을 올렸다. 당시 구독자가 100명이었는데, 조회 수가 10만을 넘겼다. 놀라웠다. '무엇을 만들 수 있을까' 고민하다가 메이크업 분야에 관심이 있다 보니 뷰티 콘텐츠를 만들기 시작했다."

Q 대학생인데, 학업과 병행할 수 있었나?

"지금은 휴학했다. 독자가 많아지고 채널이 성장하니 많이 힘들어졌다. 이전 학기는 3학년이 되니 수업 내용도 어려워지고 과제도 많은데 영상을 찍고, 올리고, 팬밋업(팬미팅)도 열었다. 밤새 영상 편집

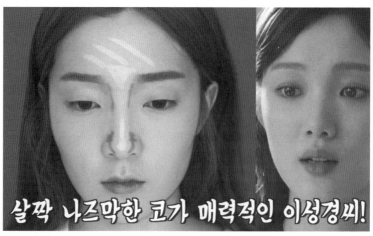

2016년 한 해 동안 구독자 20만 명이 늘어나는 등 가장 빠르게 성장한 유튜브 크리에이터 킴닥스(김다은)의 뷰티 콘텐츠.

하고 3~4시간 자고 오전 수업 갔다가 공강 시간에 촬영해야 할 때도 있었다."

Q 유명 크리에이터인데, 실제 오프라인에서 알아보는 사람이 많나?

"평소처럼 안 꾸미고 나가면 거의 못 알아보는데, 꾸미고 나간 날은 대부분 알아본다. 남자분이 알아볼 때는 거의 없고, 10대 후반부터 20대 중반의 여성이 알아보는 편이다. 종종 회사 다니는 여자분들이 알아볼 때도 있다. 길에서 쫓아오는 친구들은 대부분 10대들이다."

Q 크리에이터를 직업으로 생각하는가?

"처음에는 오래 할 것이라고 생각하지 못했는데, 지금은 직업과 크리에이터 활동을 분리할 필요가 없다고 본다. 나도 여자인데 죽을 때까지 화장하지 않겠나. 앞으로 무슨 일을 하든 뷰티 콘텐츠를 만들 수 있다. 회사에 들어가면 일할 때 예측 가능하다는 장점이 있지만, 그것이 단점이 될 수 있다. 유튜브는 주도적으로 분야를 정하고 콘텐츠를 만들 수 있는 점이 매력적이다."

Q 댓글을 항상 봐야 하는 일이기 때문에 스트레스를 많이 받을 것 같다.

"뷰티를 하다 보니 '못생겼다', '안 예쁘다'라는 지적을 받을 때가 있다. 하지만 연예인도 아니니 악플이 달려도 크게 개의치 않는다. 언젠가 화장을 못한다는 댓글이 달렸는데, 그것은 충격적이었다. 영상 자체에 공을 들이면서 그쪽에 소홀했다고 생각했다. 그때부터 혼자 연습도 많이 하고 책도 읽고, 강의도 많이 들었다."

Q 뷰티 콘텐츠의 분야는 어떻게 나뉘는지 궁금하다.

"리뷰, 튜토리얼, 하울이 있다. 리뷰는 특정 제품을 사서 '이건 색깔이 어떻네요'라는 식으로 소개한다. 튜토리얼은 하나의 주제를 잡고 화장을 시연하는 것이고, 하울은 여러 물건을 사서 보여주고 설명하는 식이다."

Q 상품을 고르는 기준이 궁금하다.

"제품과 콘텐츠 타깃을 연결해서 만든다. 주로 10대 후반에서 20대 중반을 대상으로 만들다 보니 올리브영 같은 곳에서 살 수 있는 중저가 브랜드 제품을 주로 사용한다. 종종 김유정 메이크업 등 타깃층이 어린 메이크업을 하면 스킨푸드, 어퓨처럼 저렴한 제품을 사용한다. '이 사람은 내가 살 수 있는 제품으로 영상을 만드네'라고 생각하게 해야 한다. 독자들 피드백을 봐도 '언니는 내가 살 수 있는 제품을 써서 좋다'고 말한다."

Q 다른 뷰티 크리에이터와 달리 뷰티 콘텐츠 외에 일상을 다룬 영상이 적지 않다.

"개인적인 내용을 다룬 영상을 올리는 것이 구독자를 늘리는 데 도움이 되었다. 일상 이야기를 하는 〈한주한컵〉 영상을 주기적으로 올리는 이유다. 독자들은 내가 누구인지 안다. 왜 뷰티를 시작했고, 꿈이 무엇인지 잘 안다. 단순히 영상만 보지 않고, 인물의 스토리를 알고 상호작용을 하게 된다."

Q 콘텐츠 차별성을 의도한 것인가?

"뷰티 크리에이터가 전국에 3명밖에 안 된다면 개인 이야기를 할 필요가 없겠지만, 크리에이터가 많고 전문가들도 있다. 경쟁력을 갖추려면 자신만의 색깔을 드러내야 한다. 인강(인터넷 강의) 선생님과 담임은 교감하는 정도가 다르다. 직접 이야기하고 그 선생님의 개인 스토리도 아니까 애착을 갖는 것처럼 유튜버도 똑같다. 자기 이야기를 많이 하고 사람 자체로 브랜드가 되는 것이 최고라고 생각한다."

뷰티 크리에이터 킴닥스는 21세 때 처음 시작해 3년째 뷰티 관련 영상을 만들고 있다.

Q 콘텐츠를 보면 유머 요소가 많다.

"개성을 나타내는 튜토리얼을 하거나 인트로, 아웃트로가 재미있으면 조회 수가 잘 나온다. 과일처럼 메이크업한다는 뜻으로 만든 '과즙상 메이크업' 복숭아 편은 조회 수가 30만에서 40만이 넘었다. 메이크업할 때 박신혜, 이성경 등의 대사를 재연한 것이 화제가 되기도 했다."

Q 해외 구독자 비율이 높다고 들었다.

"자막을 붙이는 것이 도움이 되었다. 또 해외 팬들이 좋아하는 한류 스타의 메이크업을 디테일하게 보여준 점이 영향을 미친 것 같다. 대표적인 것이 수지 메이크업이었는데, '진짜 수지 얼굴처럼 되는 것을 알려주겠다'면서 수지가 인중이 파였다면 인중을 만드는 등 포인트를 잡아 얼굴 윤곽까지 비슷하게 만드는 식이다."

Q 뷰티 콘텐츠가 주목받는 이유가 무엇일까?

"여성에게는 언제나 예뻐지려는 욕구가 있다. 그런데 이것을 배우려고 학원에 등록하기는 애매하다. 이 가운데 손쉽게 찾아볼 수 있도록 유튜브에서 콘텐츠가 나왔다. 나이가 어린 친구들은 아예 유튜브 영상을 틀어놓고 화장할 때가 많다. 인강을 보고 따라 하는 것처럼 말이다."

Q 마리몬드 같은 사회적 기업을 알리는 콘텐츠도 만들었는데, 이런 데 관심이 많은가?

"한일협정 당시 시민으로서 분노를 느꼈고, 사회적으로 좋은 영향을 끼치고 싶었다. 위안부 할머니를 돕는 기업인 마리몬드의 에코백을 사서 리뷰하는 영상을 찍으면서 한일협정 이야기를 꺼냈다. 마리몬드 브로치를 사비로 사서 구독자들에게 주기도 했다. 그러면 구독자들은 또 구매해서 나누어주는 식으로 캠페인처럼 번졌다."

Q 레페리라는 뷰티 전문 MCN 업체 소속이다. 크리에이터들이 대체로 MCN 업체에 소속되어 일하는데, 어떤 측면에서 도움이 되나?

"비즈니스에서 도움을 많이 받는다. 내 경우는 콘텐츠 자체 수익보다는 광고를 찍은 수익이나 행사 수익이 많은 편이다. 이런 관리까지 직접 하면 창작에 집중할 수 없다. 회사가 있으면 크리에이터의 특성이나 성격을 잘 분석해주고, 콘텐츠 전략을 세우는 데 도움이 된다. 해외 팬들을 겨냥해 번역하고 자막을 만드는 작업도 도움을 받는다."

Q 뷰티 콘셉트의 영화를 제작한다고 들었다.

"'여러분의 삶 속에 잃어버린 동화를 찾아드린다'는 콘셉트로 꿈을 잃다가 동화 같은 순간을 다시 꿈꾼다는 내용의 웹영화를 조만간 발표할 계획이다. 여기에 메이크업 영상들이 부록처럼 들어가는 등 뷰티를 접목했다. 현재 하는 일인 뷰티 크리에이터와 내 꿈인 영화 감독의 중간 단계에 있는 작품이라고 생각한다."

지금 유튜브에선
뽀통령 대신 라임튜브

키즈 크리에이터 길라임 · 길기홍

"라임이를 데리고 길을 지나가면 아이들이 한 번씩 돌아본다. '엄마 길라임이야.'" 어린이들 사이에서 길라임(5) 양은 연예인 못지않은 인기를 누린다. 그가 출연하는 유튜브 채널 라임튜브는 가장 유명한 키즈 콘텐츠 중 하나다. 장난감 놀이, 그림 그리기, 여행 등 길라임 양의 일상을 가공해 콘텐츠로 담는다. 길라임 양의 아버지 길기홍 씨는 "요즘은 다른 길라임이 유명하지만, 원조는 우리 아이"라고 말했다.

길라임 양의 아버지 길기홍 씨는 타요, 뽀로로 등 애니메이션의 3D 모션 제작과 기획 업무를 했다. 그러던 중 아내가 급성심부전으로 투병생활을 하면서 일을 그만두었다. "돈을 벌어야 하는 상황에서 막막했는데, 유튜브라는 플랫폼을 통해 돈을 벌 수 있다고 했다. 그래서 병간호하면서 테스트 삼아 작업을 해봤다."

이렇게 처음에는 아내가 나을 때까지 생활비를 벌겠다는 생각으로 시작했지만, 현재는 한국의 대표적인 키즈 유튜버가 되었다. 유튜브 구독자 수가 61만 명에 달한다. 제2, 제3의 라임튜브를 꿈꾸는 키즈 크리에이터들이 나올 정도다. 길기홍 씨는 "라임튜브가 성공했다고들 하는데, 매우 많은 실패를 연속적으로 하는 것"이라고 말했다.

'인물+스토리'가 팬덤을 만든다

라임튜브에 처음부터 길라임 양이 등장했던 것은 아니다. 처음에는 장난감을 갖고 노는 콘텐츠로 시작했다. 아버지가 장난감을 들고 있다 보니 길라임 양이 자꾸 화면에 들어왔다고 한다. 길기홍 씨는 "처음에는 '아빠 일하니까 안 돼'라며 아이를 화면 밖으로 나오게 했다. 하지만 자꾸 들어오니 한번은 '에라 모르겠다'라며 로보카 폴리 장난감을 갖고 아이와 간지럼 태우고 노는 내용을 편집하지 않고 올렸다. 그런데 조회 수가 3배가량 많이 나왔다"고 말한다.

키즈 콘텐츠 포맷을 연구하던 중 미국의 에반튜브라는 콘텐츠를 눈여겨보았다. 에반튜브는 2011년 개설된 장난감 전문 유튜브 채널로 10세 어린이 에반이 진행하고, 부모님이 제작과 편집을 맡는다. "처음에는 아이가 중심이 되어 콘텐츠를 만들 수 있을지 고민했다. 에반은 5세 때부터 레고를 갖고 놀았고, 그 영상이 인기를 끌었다. 성공 사례가 있다는 확신이 들었다. 이때부터 간헐적으로 라임이가 등장하게 되었다."

길라임 양이 무대공포증이 없다는 점도 중요했다. "아이를 등장하게 하는 데 고민이 많았다. 4세 때 학예회를 했는데, 합창하는 무대에서 라임이가 혼자 일어나서 춤을 추었다. 홍대 길거리에서 좋아하는 노래가 나오면 그냥 춤을 춘다. 애가 무대에 나서는 것에 대해 공포감이 없다는 것을 알고서 출연을 결심했다"고 했다.

길기홍 씨는 "인물이 나오는 채널이 성장 가능성이 높다"고 강조했다. 충성도 높은 구독자를 확보해야 하는 유튜브의 특성상 '팬덤'이 필요한데, 장난감만 등장시켜서는 팬덤이 형성되기 힘들기 때문이다. "영화에 주인공이 있는 것과 같다. 장난감만 등장시키는 채널이라면

'라임튜브'를 운영하는 키즈 크리에이터 길기홍, 길라임 부녀.

뽀로로 같은 특정 캐릭터를 반복적으로 내보내 팬심을 만들어야 하고, 그게 아니라면 인물을 등장시켜야 한다."

라임이만 등장하는 것은 아니다. 파랑이라는 퍼펫인형(손가락 인형)이 조력자 역할을 하며 스토리를 만든다. 파랑이 인형은 길기홍 씨가 직접 조종한다. 매력적인 두 진행자가 서로 잘 어우러진다. 파랑이는 라임이보다 더 어린 콘셉트로 라임이가 언니처럼 모든 것을 알려준다. 파랑이가 사고를 치면 '파랑아 그렇게 하면 안 되지' 하는 식이다.

길기홍 씨는 "이 두 인물이 기본이고, 그다음에 장난감 또는 장소를 스토리텔링형으로 소개하는 포맷으로 자리 잡았다"고 설명했다. 거미 장난감도 단순히 갖고 노는 것이 아니라 라임 양과 파랑이가 잠을 자는데 괴물거미가 습격하고 이에 맞서는 스토리로 만드는 식이다.

아이가 즐거워야 한다

길기홍 씨는 인터뷰 내내 "라임이가 즐거워야 한다"고 강조했다. 그는 2년째 키즈 크리에이터 선발 대회 심사를 맡으며 키즈 크리에이터 지망생들을 만나왔다. "작년에는 아이들만 오는 경우가 많았는데, 올해에는 많은 부모가 아이들을 데리고 왔다. 어른이 의욕적인 것은 좋지만, 중요한 점은 아이가 스스로 원하고 즐거워하지 않으면 좋은 콘텐츠가 나오기 힘들다는 사실이다."

라임튜브도 같은 시행착오를 거쳤다. 초창기 길기홍 씨는 장난감 회사에서 리뷰해 달라며 보내준 변신이 복잡한 로봇 장난감을 갖고 노

는 콘텐츠를 만들었는데, 라임이가 싫증을 냈다. "나는 남자니까 남자
애들이 갖고 노는 장난감으로 콘텐츠를 만드는 것이 더 익숙했는데 여
자애들 감성에는 안 맞았다. 표정에서 싫은 것이 드러나고, 집중력도
떨어졌다. 그러니 제작 시간도 더 오래 걸렸다. 반면 라푼젤, 엘사 드
레스룸으로 만든 콘텐츠를 정말 좋아했다. 아이에게 일이라는 생각이
들게 해서는 안 된다."

동시에 라임이에게도 도움이 되는 콘텐츠를 만들어야 한다는 것이
길기홍 씨의 견해다. "가장 중요한 것은 직접적인 경험이다. 아이에게
는 글로 본 것보다 체험을 통해 익히는 것이 더 좋은 교육이 된다. 그
래서 장난감 리뷰보다 당장은 조회 수가 덜 나오지만 여행 등을 콘셉
트로 영상을 만들고 있기도 하다."

길기홍 씨는 "라임이가 즐거워야 한다"는 점을 강조하고, 라임이에게도 도움이 되는 콘텐츠를 만들려고 한다.

주위에서는 "콘텐츠 성격을 하나로 규격화하라"고 조언하지만 길기홍 씨 생각은 다르다. "캐리처럼 규격화된 포맷으로 콘텐츠를 통일하면 채널이 더 빨리 성장한다고 한다. 그런데 나는 그렇게 할 수 없다. 라임이의 기호가 계속 바뀌기 때문이다. 아이가 성장하면서 취향이 바뀌면 거기에 맞게 콘텐츠 내용도 바뀌어야 한다고 생각한다."

대리 만족하는 콘텐츠를 만들어라

조회 수가 많이 나온 콘텐츠 중 하나는 유명한 테마파크형 키즈카페에 방문한 편이다. 라임이가 키즈카페에서 4시간 동안 길기홍 씨와 함께 노는 영상이다. 공을 던지고, 장난감을 갖고 놀고, 체험관을 돌아다니고 기구를 이용한다. 350만 조회 수가 나왔다. 그는 처음에는 '그냥 노는 것만 보여주는데, 왜 이것을 많이 볼까'라는 생각을 했다. "그곳에 가보지 못한 아이들이 가고 싶어 하고, 그곳에서 아버지와 놀고 싶어 하기 때문이라고 본다. 라임튜브는 또래인 3~5세가 많이 보는데, 또래를 따라 하고 싶은 심리가 작용했다."

"애랑 그렇게 놀아주지 마세요." 길기홍 씨는 업체 미팅 등을 통해 사람을 만날 때마다 '하소연'을 듣는다. 라임튜브 영상을 본 아이들이 부모에게 놀아달라고 조른다는 것이다. "우리나라는 아이와 부모가 함께 있는 시간이 매우 부족하다. 선진국들은 저녁 이후를 가족과 함께 보내지 않나. 라임이가 이것을 대신해준다고 생각한다. 그러니 라임이한테만 좋은 경험이 아니라 이것을 보는 친구들한테도 좋은 경험을 선물해준다는 생각으로 한다."

체험 콘텐츠가 늘어나는 것도 같은 이유다. "처음에는 아이들이 유치원 다녀와서 학원 가기 전에 잠깐 볼 수 있는 스낵컬처를 주로 만들었는데, 이제는 체험과 관련된 정보 전달을 더 하고 싶다." 대표적인 것이 제주도 편이다. 라임이는 이곳에서 어린이가 즐길거리를 찾고, 열기구를 체험한다. "앞으로 예술관, 미술관, 체험관 등과 협업을 통해 아이에게 볼거리, 즐길거리를 소개해주고 경험하게 할 예정이다. 아이와 부모 모두에게 도움이 되는 콘텐츠다. 소방관 등 직업체험 콘텐츠도 준비하고 있다."

왕도는 없다. 꾸준한 시도가 답이다

"처음 3개월 동안 콘텐츠를 만드니까 계좌에 1,000원이 들어왔다. 이것으로 돈을 벌 수 있게 된 것이다. 아버지한테 가서 '1,000원 벌었다'고 자랑하니까 '미친 놈, 그것 갖고 어떻게 먹고사냐'는 답이 돌아왔다. 처음에는 부인도 반신반의했고, 친구들도 다 미쳤다고 했다. 6개월 정도 지나 100만 원을 벌었고, 이제는 회사를 차릴 정도가 되었다. 지금은 부모님에게 생활비를 지원해드린다."

길기홍 씨는 키즈 채널 운영하려는 이들을 위해 "유튜브를 하면 쉽게 돈을 많이 벌 수 있다는 인식이 있는데, 꼭 그렇지는 않다"고 설명했다. "매우 많은 시간을 투자해야 한다"는 것이다. 실제 콘텐츠 촬영 때도 라임이는 1~4시간씩 노는 게 전부지만 기획, 촬영, 편집 등 가족은 자는 시간을 빼놓고는 항상 노동한다. 현재는 회사를 설립해 직원들과 함께하지만, 콘텐츠를 매일 제작해 올려야 하기 때문에 노동 강도는 높은 편이다.

"키즈 콘텐츠가 인기가 있으니까 쉽게 생각하고 유튜브 콘텐츠를 제작하기도 하는데, 일단 취미로 시작해보고 아이가 좋아하고, 가족과 잘 맞는지부터 판단했으면 한다. 그 후에 본격적인 제작을 결심했다면 적당히 해선 안 된다. 끊임없이 콘텐츠를 고민하고 만들어야 한다."

"키즈 분야 인기 더 높아질 것"

키즈 분야는 뷰티와 함께 대표적인 MCN 콘텐츠로 자리 잡았다. 2016년 유튜브 결산 자료를 보면 가장 인기 많은 영상 10위(뮤직비디오 제외)에 키즈 콘텐츠가 3개나 있다. 동요 콘텐츠인 〈핑크퐁 상어가족 외 43곡 인기동요 모음집〉은 1위를 차지했다.

길기홍 씨는 "키즈 시장은 더욱 성장할 것"이라고 내다보았다. "미디어 소비 패턴이 바뀌었다. 과거에는 텔레비전에서 틀어주는 시간을 기다리며 콘텐츠를 봐야 했고, 아이들에게 채널 선택권도 없었다. 그러나 지금은 언제 어디서나 유튜브를 볼 수 있고, 부모가 집안일을 하는 시간에 틀어놓는 일이 많다 보니 더욱 익숙해졌다."

키즈 중에서도 음악 콘텐츠가 인기가 많다. 핑크퐁의 〈상어가족〉은 국민 동요가 되었다. 길기홍 씨 역시 아직 음악 콘텐츠를 제작하지 않지만 계속해서 고민하고 있다. "디즈니가 뮤지컬 방식의 콘텐츠 제작을 수십 년간 고수하는 이유를 봐야 한다. 음악은 만국의 공통어이자 누구나 좋아하는 분야이기 때문에 성장 가능성이 높다."

장기적으로 다양한 시도를 할 계획이다. "'헨젤과 그레텔' 같은 콘셉트를 이용해서 영화를 만들고 싶다. 현재 매니지먼트를 해주는 다이아TV와 협력한다면 다른 키즈 크리에이터들과 함께 이런 작품을 찍을 수 있다. 나중에는 상암동 CJ E&M 건물 옆에 키즈 방송사를 만드는 것이 목표다."

심장박동 소리도
콘텐츠가 된다

ASMR 크리에이터 뽀모

"쓱싹쓱싹", "소곤소곤", "휘이이잉". 긁는 소리, 머리 빗는 소리, 물건을 구기는 소리, 음식을 씹는 소리, 두드리는 소리, 바람 부는 소리, 연필 사각거리는 소리. 속삭이는 소리. 이름도 낯선 ASMR 콘텐츠의 대표적인 '소리'다. 우리말로는 '자율감각쾌락반응'이라고도 한다. 이 같은 소리는 심리적 안정감을 주고 기분을 좋게 하는 것이 매력이다.

이 생소한 분야에서 크리에이터 뽀모(PPOMO)는 한국 ASMR의 대명사처럼 불린다. 원래 본업이 일러스트레이터로 크리에이터 활동은 부업이다. 하지만 꾸준히 활동해 300여 개의 ASMR 콘텐츠를 만들었고, 유튜브 구독자 63만 명을 확보했다. 자신만의 콘텐츠를 끊임없이 연구해 '소리 깎는 장인'이라는 별명이 있을 정도다.

그는 원래 자신의 게임 플레이를 보여주는 '게임' 크리에이터였다. 다른 게임 크리에이터와 달리 게임을 잘하지 못해 '데드씬(캐릭터가 죽는 장면) 찍기 전문'이라는 별명이 붙기도 했다. 뽀모는 "일부러 못하는 콘셉트가 아니었다. 게임 방송으로 성공하려면 게임을 잘해야 하는데, 게임은 취미 수준이었다"고 말했다. 이때 관계를 맺은 지인들이 ASMR 분야를 추천해 그 콘텐츠에 빠지게 되었다.

뽀모는 ASMR의 매력으로 "잔잔하게 '힐링'되는 느낌을 받는다는 점"을 꼽았다. "스트레스와 경쟁, 과한 업무, 인간관계, 공부 등으로

ASMR은 "잔잔하게 '힐링'되는 느낌을 받는다는 점"이 매력이다.

힘든 하루하루를 보내는 현대인이 잔잔한 음악을 들으며 안정을 찾는 것과 같다고 생각한다. 좋은 소리로 지친 마음을 차분하게 하고, 위안을 받고, 잠자기 전 마음을 가라앉힘으로써 푹 자고 내일을 위한 힘을 얻을 수 있다."

실제로 이 콘텐츠를 찾는 이용자는 '힐링'을 원한다. "쉽게 잠들 수 없는 분들, 잠이 안 오시는 분들이 불면증 완화를 목적으로 가장 많이 찾는다." 그에 따르면 마음에 안정감을 주는 '백색소음'을 활용해 공부하거나 일할 때 집중력을 높이려고 찾는 경우도 적지 않다. 뽀모는 "단순히 귀가 허전하신 분들이나 재미로 보는 이용자도 있다"고 덧붙였다.

ASMR 크리에이터는 '아티스트'라고 불리기도 한다. 일반적인 유튜브 콘텐츠보다 소리 하나하나를 섬세하게 담아야 하기 때문이다. 특히 순간적으로 기분 좋게 소름이 돋는 느낌인 '팅글(tingle)'을 만들어내는 것이 관건이다.

'팅글'을 만들려면 사운드를 통해 거리감이나 공간감을 주는 '디테일'을 잘 살려야 한다. 뽀모는 "같은 소리라도 천천히 소리를 내다가 속도를 다르게 한다거나 멀리서 가깝게 옮길 때 더 조심스럽게 소리는 내는 식의 방법을 사용한다"고 말했다.

편안한 소리 찾아 삼만리

어떤 콘텐츠를 주로 만들까? 뽀모는 초창기 때 만화, 게임, 영화에 나올 만한 개성 있는 캐릭터로 '상황극 연기'를 시도했다. 예를 들어달라고 하자 뽀모는 "스토커처럼 집착하는 캐릭터를 선보였다"고 설명했다. 하지만 개성이 강한 만큼 많은 독자가 공감하기 어려웠고 '호불호가 갈린다'는 평을 들었다. "이후부터는 좀더 많은 분이 공감할 수 있게 점점 대중적인 소재를 선택해 만들게 되었다"고 덧붙였다.

"최선이라고 생각해 만들어 선보였다가 반응이 좋았던 콘텐츠에 대한 감각을 살려 다음에도 참고한다." 뽀모는 시행착오를 거쳐 치킨, 샐러드, 샌드위치 같은 음식 먹방을 소리로 담거나 귀 청소, 귀 마사지, 두피 마사지 같은 콘텐츠를 주로 만들고 있다. "잠들 수 있게 최대한 편안한 소리"를 내는 데 주력한다.

가장 인기가 많았던 콘텐츠가 무엇인지 묻자 뽀모는 "귀 마사지나 귀 청소, 입소리 콘텐츠가 반응이 가장 좋은 편"이라며 "귀를 직접 마사지하거나 귀를 파주는 형식, 입소리(입으로 쩝쩝대거나 음식을 씹는 등의 소리)처럼 강한 종류의 소리가 ASMR의 바이노럴 사운드(입체음향)와 팅글을 느끼기 쉽기 때문에 선호하는 경향이 있다"고 밝혔다.

뽀모가 '소리 깎는 장인'이라는 별명이 붙은 이유는 자신만의 콘텐츠를 지속해서 개발하기 때문이다. "이 세상 모든 소재와 물건은 각자의 매력이 있어서 잘 사용한다면 모두 팅글 반응을 이끌 수 있다"고 뽀모는 강조했다. 그는 각종 애니메이션과 게임 OST를 자장가처럼 부르는 등 실험적인 콘텐츠를 만들고 있다.

최근 화제가 된 것은 '심장 소리 ASMR'이다. "마이크에 가슴을 대서 제 심장 소리를 담은 ASMR을 만들었다. 사람에게 안긴 느낌이나 마치 어머니의 배 속 태아의 기분을 느끼게 해드리고 싶었다"는 취지로 만들었다. "숨을 쉴 때마다 공기가 폐 안으로 들어갔다 나오는 소리, 생명을 상징하는 심장박동은 목소리 다음으로 인간이 낼 수 있는 가장 아름다운 소리라고 생각한다. 기존에는 없던 형식이라 창의적이라며 칭찬을 많이 해주셨다."

마이크보다 콘텐츠가 중요

제작환경은 어떨까. ASMR은 소리에 집중하는 콘텐츠이기 때문에 방음시설이 필요하다. 뽀모는 "방음환경에서 제작해야 소음이 들어오지 않는다"고 설명했다. 뽀모의 영상을 보면 양쪽에 귀 모양이 달린 독특하게 생긴 마이크가 눈에 들어온다. 입체음향 마이크인 3DIO 마이크다. 그는 두 가지 3DIO 마이크를 갖고 있다. 보급형은 가격이 499달러, 고급형은 2,000달러에 달한다.

'소리 깎는 장인'이라는 별명을 가진 뽀모는 자신만의 콘텐츠를 지속해서 개발 중이다.

뽀모는 "다른 마이크와 다른 점은 실리콘으로 된 귀가 달려 있어 직접 귀를 만질 수 있으므로 귀로 닿는 느낌을 사실적으로 전할 수 있다"고 말했다. 귀를 착안해 만든 마이크이기 때문에 귀 청소, 귀 마사지 등 귀와 관련된 콘텐츠에 활용도가 높다.

일반적인 녹음기도 쓴다. 뽀모는 "간편하게 휴대할 수 있어 야외에 나가서 사용할 수도 있다는 이점과 스테레오감이 자연스러워서 소리를 부드럽게 느낄 수 있다"고 말했다. 뽀모는 "고음질이 중요하다면 투자해야겠지만 마이크는 크게 중요하지 않은 것 같다"면서 "상대적으로 저렴한 마이크로도 녹음을 잘하는 분들이 많다. 마이크보다는 소리 내는 방법과 콘텐츠 내용이 더 중요하다"고 말했다.

해외 이용자도 다수

그는 글로벌 전략을 효과적으로 실행에 옮긴 대표적인 크리에이터 중 하나다. 다양한 언어로 자막을 만들어 해외 이용자를 늘린 것이다.

뽀모는 "ASMR 분야가 국내보다는 외국에서 대중적인 콘텐츠여서 자연스럽게 외국 팬이 늘어났고, 외국 팬들이 외국어로 콘텐츠를 만들어달라고 요청했다"고 밝혔다. 2015년 6월부터 영어 자막을 넣기 시작했고, 일본어 자막도 자주 넣는다. 여기에 스페인어, 러시아어, 중국어 등 7개 언어로 콘텐츠를 만든다. 뽀모는 "외국인 친구들의 도움을 받는다"고 말했다. 자막뿐만 아니라 발음 연습을 통해 영어, 일본어, 스페인어를 말하는 콘텐츠도 종종 만든다.

댓글을 보면 "뽀모님의 얼굴이 궁금하다"는 내용이 적지 않다. 지금까지 단 한 번도 얼굴을 드러내지 않았기 때문이다. 뽀모는 "얼굴이 나오는 영상을 만들면 더 많은 분들이 보실 수도 있고 '아이컨택'하면서 친근감도 느낄 수 있겠지만, 신상을 중요하게 여기는 편이고 외모 평가로 인해 상처입고 싶지 않기 때문"이라고 답했다. "개인적으로 얼굴을 보이는 것이 ASMR에서 필수적인 요소는 아니라고 생각한다"고 덧붙였다.

'노잼' 영어 대신
진짜 미국을 알려주다

영어 교육 크리에이터 올리버 쌤

"너 북한에서 왔냐 한국에서 왔냐." "김치 냄새 난다." "여러분 외국인이 이렇게 시비 걸면 어떻게 할 거죠? 바보처럼 웃으면 안 돼요. 당당하게 말해서 이겨봅시다. What you staring at!(뭘 봐!) Who do you think you are?(네가 뭔데?)"

크리에이터 올리버 쌤(본명 올리버 샨 그랜트)의 〈무례한 외국인이 시비걸 때 영어로 이기는 법〉 콘텐츠다. 학교에서 원어민 강사로 일하던 올리버 쌤은 학교의 교육 방식에 회의를 느끼고 유튜브를 통해 효과적인 영어 회화 콘텐츠를 만들고 있다.

'쌤 선생님'의 콘텐츠는 색다르다. 교과서를 벗어나 상황극을 통해 실제로 쓰이는 표현을 가르치거나 미국 문화를 솔직하게 소개하는 방식으로 인기를 끌고 있다. 유튜브 구독자 49만 명, 페이스북 구독자 24만 명에 달한다. 그는 "내가 이렇게 될지 절대 예상하지 못했어요"라며 운을 뗐다.

영어 교육 크리에이터 올리버 쌤.

원어민 강사로 한국 생활 시작

"한국에 처음 왔을 때는 영어를 재미있게 가르치고 싶었어요. 그런데 쉽지 않았어요." 통역이 필요 없을 정도로 한국어 실력이 뛰어난 미국인 올리버 쌤은 한국 생활 7년 차다. 스페인에서 영어교사 자격증을 따고 교육을 하다 7년 전 한국에 와서 중학교 영어 원어민 강사 생활을 시작했다.

그는 한국의 영어 공교육에 대한 문제점을 성토했다. "학생들이 학원에 많이 다녀요. 그러면 학원에 다니는 학생과 다니지 않는 학생의 수준 차이가 너무 커요. 쉬운 것을 가르치면 잘하는 애들이 심심해하고, 좀 어려운 것을 가르치면 다른 학생이 힘들어 해요. 학생 수도 너무 많아요. 한 반에 30명이나 되니 하고 싶은 활동을 많이 못 해요. 지나치게 선생님 중심의 수업이기도 해요. 그러다 보니 아이들이 스스로 하는 그룹 활동에 익숙해하지 않았어요."

올리버 쌤은 "언어를 배우는 것은 선생님이 설명하는 식으로 일방적으로 하면 안 돼요. 직접 체험하고 느끼게 해야 효과가 있어요"라며 "한국인들이 영어 회화를 잘 못하는 것은 아마도 교육 때문인 것 같다"라고 덧붙였다.

강사 시절 특히 그가 놀란 것은 한국의 영어 교과서다. "어떤 교과서는 정말 최악"이라는 표현까지 나왔다. 게임 코너가 있지만, 재미가 없었다. 챕터마다 연관성이 없거나 어색한 표현이 많다. 영상과 음성 자료에서는 이상한 억양이 튀어나오기도 했다. "'Nice to meet you'는 처음 만났을 때만 하는 인사입니다. 그런데 한국 교과서는 만날 때마다 이렇게 인사하라고 가르쳐요. 이상해요. 친구가 시험 잘 봤다고 할 때 'I see'라고 대답하라고 하는데, 정말 성의 없는 대답입니다. 이럴 때는 'That's great'라고 답해야죠."

'미국 문화'를 알려야 한다

"2년 전 지하철역에서 친구를 기다리다가 페이스북에 처음 콘텐츠를 올렸어요. 예상치 못하게 정말 많은 사람이 봤어요. 그때부터 인터넷으로 내가 원하던 방식으로 가르쳐야겠다고 생각했어요."

한국인이 잘못 사용하는 회화를 지적한 콘텐츠였다. "한국인들이 '기대된다'고 할 때 'I'm expecting'이라고 하는데, 그건 임신했다는 표현이에요"라고 지적하는 내용이다. 아버지가 다큐멘터리 감독이었고 본인이 '보이스 액팅'하는 것을 좋아했기 때문에 영상을 찍어 올리는 것에 거부감이 없었다.

지금은 인기 크리에이터답게 독자들의 댓글과 메시지가 쏟아진다.

"콘텐츠를 더 만들어 달라"부터 시작해 "내 영어 숙제 좀 봐주세요"라는 요청도 종종 온다. 댓글과 메시지를 무의미하게 흘려보내지 않고, 거기에서 어떤 콘텐츠를 만들어야 하는지 영감을 얻는다. "'나는 지금 미국에 있고 미국인 남자 친구가 생겼는데 메신저를 잘 안 읽는다. 미국 사람들이 원래 그러냐'는 질문이 있었어요. 실제 생활과 문화에 대한 궁금증이 많았어요."

올리버 쌤은 단순하게 언어만 설명하지 않고, 문화에 대한 이야기를 적극적으로 다루기 시작했다. 팬들이 꼽는 그만의 특별함이다. 〈미국의 팁문화〉, 〈텍사스 전기톱 살인사건〉 같은 콘텐츠가 대표적이다. 그는 "단순히 영어만 가르치면 재미없어요. 사람들이 궁금해하는 것을 만들어야 합니다"라고 강조했다.

실제 독자들이 궁금해하는 콘텐츠를 만들었을 때 반응이 좋다. 유학생이나 유학을 준비하는 학생들에게 필요한 '팁'은 대표 콘텐츠다.

올리버 쌤은 〈미국의 쌩얼〉 시리즈로 미국의 실제 문화, 특히 사회적 문제나 어두운 면도 솔직하게 전해주고자 한다.

올리버 쌤 유튜브 채널의 구독자 대다수가 10대 후반과 20대 초반이 기도 하다.

"유학이나 워킹홀리데이를 준비하는 학생들이 메시지를 가장 많이 보내요. 미국에서 인종 차별이나 왕따를 당하지 않을까 걱정합니다. 그래서 이 질문에 대답하는 식으로 영상을 만들었어요." 이외에도 〈외국계 기업 면접에서 합격하는 노하우〉, 〈외국인이 이해 못하는 영어 발음 실수〉, 〈한국인이 스피킹 시험에서 자주 감점받는 표현〉 등 실제 필요한 정보 위주로 올린다.

가장 인기 있는 콘텐츠는 〈미국 고등학교 일진들은 얼마나 무서울까〉 편으로 120만 조회 수를 기록했다. 마찬가지로 유학을 앞두고 10대가 궁금해하는 내용이다. 올리버 쌤은 "텍사스에서 살았는데, 거기 일진 정말 무서워요. 길거리에서 교복 입고 담배 피우고, 그 정도가 아니라 진짜 총을 들고 있어요. 그런 점들을 설명했는데 인기가 좋았죠"라고 말했다.

"미국에 이민 가고 싶었던 사람이 이 영상을 보면 아마 생각이 달라질 것 같아요! 왜냐면 미국 의료 시스템이 진짜 최악입니다." 올리버 쌤은 〈미국의 쌩얼〉 시리즈도 올린다. 미국을 포장하기보다는 '미국의 병원비', '미국의 대학 등록금', '미국의 비만' 같은 문제점을 솔직하게 보여준다. "한국 사람들은 미국을 너무 좋게만 생각해요. 주로 영화를 통해서 보기 때문에 그런지는 모르겠는데, 미국을 마치 천국처럼 생각하는 등 환상이 있는 것 같아요. 미국의 실제 문화, 특히 사회적 문제나 어두운 면도 솔직하게 이야기합니다."

그의 콘텐츠가 입소문이 나자 방송 섭외가 들어왔다. EBSe에서

〈올리버 쌤 영어꿀팁〉을 매주 5편씩 제작하기로 한 것이다. EBS와 본격적으로 협업하면서 2016년 2월 원어민 강사 일을 그만두었다. 조심스럽게 수입을 물었다. 올리버 쌤은 "지금은 영상을 만들어 올리기만 하는데, 학교 일을 그만두어도 될 만큼 벌어요"라고 답했다.

패러디 · 짤방 · 상황극으로 유쾌한 교육

"어떤 영상을 만드는지도 중요하지만 무엇을 만들든 사람들을 미소 짓게 해야 해요. 한국 학교처럼 교육하면 재미없어요. 재미없으면 영어에 대한 관심이 안 생기고 그러면 나도 재미가 없어서 일하고 싶지 않아져요."

그가 말하는 재미란 무엇일까. 그의 영상에는 상황극은 기본이고 '짤방'처럼 영화나 드라마의 한 대목이 들어간다. 'cheer up(힘내)'이라는 표현을 설명할 때 아이돌그룹 트와이스의 〈Cheer up〉 영상을 보여주거나 "내가 니 시다바리가"라는 영화 〈친구〉의 대사의 영어 버전을 소개하면서 영화의 장면을 삽입하고 성대모사를 하는 식이다.

올리버 쌤은 "앞으로도 하고 싶은 것이 많아요"라며 아이디어를 쏟아냈다. "유치원생들을 위한 영상을 만들고 싶어요. 애니메이션이나 인형을 가지고 제작하는 방식도 좋을 것 같아요. 미국으로 돌아가서 미국을 여행하면서 문화와 사람을 소개하는 장기적인 기획도 재미있는 콘텐츠가 될 것 같아서 고민하고 있어요."

건프라 '덕질'도
직업이 될 수 있다

건담 프라모델 크리에이터 제룡

"다 큰 성인이 애도 아니고 장난감을 갖고 노냐." 한때 제룡(안은찬)을 바라보는 시선이 곱지 않았다. '건프라'(건담 프라모델) 조립이라는 취미 때문이다. 키덜트가 하나의 문화로 인정받는 현재, 그는 국내에서 '건프라 리뷰방송'을 진행하는 전무후무한 크리에이터가 되었다.

음식을 먹고, 화장하고, 어린이 장난감을 보여주고. MCN 시장의 규모가 커지고 성공한 콘텐츠의 '룰'이 생기면서 오히려 비슷비슷한 콘텐츠가 쏟아지는 가운데 제룡의 콘텐츠는 돋보인다.

"매장에서 건프라를 파는 아르바이트를 했다. 건프라에 대해 잘 알았고, 직접 조립하고 전시까지 했다. 이런 아르바이트생은 흔치 않다 보니 사장님이 좋아했다." 당시 제룡은 취미 삼아 '마비노기' 인터넷 게임 방송을 진행했다. 그를 눈여겨본 한 고객이 "사업을 같이 시작해 보자"며 건프라 방송을 제안했다.

그 고객은 2013년 취미 전문 콘텐츠 회사 원티비넷을 설립했고, 제룡은 대표 크리에이터가 되었다. 이때 개설한 '건담홀릭' 채널에 지금까지 4,000여 개의 동영상을 올렸다. 그의 닉네임인 '제룡'은 한 카드 게임에 나오는 궁극의 카드인 '혼돈제룡'에서 따왔다.

제룡은 어릴 때부터 모형 조립을 좋아했다. "처음부터 건담을 만들었던 것은 아니다. 어릴 때는 '미니카'가 유행이었다. 그때 조립을 시작해 내가 무엇인가를 만드는 일에 흥분한다는 사실을 알았다. 7세 때 문방구에서 건프라를 처음 보면서 빠져들었다. 직접 잡지까지 사볼 정도였다. 중고등학교 때도 쉬지 않고 건프라를 계속 조립했다." 어머니가 말리지 않았냐고 묻자 "오히려 어머니가 지지해주셨다. 하고 싶은 것 마음껏 하되 사고만 치지 말라는 주의였다"고 말했다.

건담의 매력은 무엇일까? 일본에서는 수십 종류에 달하는 애니메이션 시리즈가 인기몰이를 하고 있다. 단순한 선악 구도를 넘어섰고, 전쟁과 이념 갈등 문제를 만화에 녹였다는 점이 독특하다. 로봇도 실제 전쟁 무기처럼 현실적으로 구동되어 '리얼로봇'이라고 불리기도 한다. 그는 '어둠의 경로'를 통해 접한 이 같은 설정의 애니메이션에 빠져

들었다. 탱크나 헬기 같은 밀리터리 콘셉트의 모형은 세세하고 정교한 작업이 필요하지만, 건프라는 본드 없이 조립이 가능한 점도 좋았다.

제롱은 21년째 건프라를 만들었고, 그사이 사회의 시선도 많이 변했다. "요즘은 '키덜트'라고 부른다. 이 말이 생겼다는 것 자체가 신기했다. 과거에는 '히키코모리'나 '방구석 폐인' 이미지의 '오타쿠'였는데, 지금은 고급 취미로 인정받는 것이다." 그는 '취미'가 '직업'이 된 유튜버로서는 가장 이상적인 케이스다. 친구들에게 "하고 싶은 것 마음껏 하며 돈도 버니 좋겠다"는 말을 자주 듣는다. 그러나 제롱은 "취미도 일이 되면 힘들다"고 답했다. "취미는 여가를 보내는 수단인데, 직업이 되면 매일 꾸준한 양의 결과물을 만들어내야 한다. 그것이 생각보다 쉽지 않다."

제롱은 매일 아침 7시 30분에 일어나 사무실로 향한다. 점심 전까지는 아이디어를 정하고 촬영 준비를 끝낸다. 오후에는 촬영과 편집, 업로드, 독자 반응 리뷰가 이어진다. 주말에는 강남, 용산 등 각지에 프라모델 시장 조사를 하러 다니고, 시간이 날 때마다 틈틈이 조립을 해야 한다. "특히 조립은 고된 일이다. 완성까지 2~3일 걸리는 프라모델도 있다. 기체를 조립하는 데 하루, 300여 개에 달하는 습식 스티커를 붙이는 데 또 하루가 걸린다. 먹선(모형에 입체감을 주기 위해 칠하는 검은 선)도 넣고 보강 작업도 해야 한다."

제롱은 "그런데 정작 다른 일을 해보면 건프라를 만드는 것만큼 재미있지는 않다"고 말한다. 예상보다 힘들지만, 보람이 남다르다는 의미다. "내가 잘 아는 분야를 남들에게 알려준다는 점에서 매력을 느끼고 자부심도 든다. 크리에이터가 직업이 될 수 있냐는 의문이 있지만,

계속 이 일을 하고 싶다. 최상급 인기 채널에 비하면 많이 못 벌지만, 그래도 살아가는 데는 전혀 문제가 없다. 그들에게 밀린다고 생각하지도 않는다."

남들이 '사진' 리뷰할 때 '동영상'에 도전

"가슴 부분이 좀 심심한 디자인입니다." "문제는 이게 조금 헐거워요. 고관절을 조립해서 끼우잖아요. 끼울 때 축이 틀어지면서 부러질 수가 있습니다. 저도 좀 위험했습니다."

제룡의 간판 콘텐츠인 〈건프라 리뷰〉의 한 장면이다. 신제품이나 화제의 제품을 구입해 직접 조립하고 20여 분간 리뷰한다. 외형을 설명하고, 조립할 때 유의 사항을 알려주고 관절이나 무기는 세세하게 어떻게 움직이는지, 포즈를 어떻게 잡아야 하는지를 보여준다.

제룡은 "리뷰할 때 협찬을 받지 않는 것이 원칙"이라고 강조했다. "주관적인 내 시선이 들어갈 수 있지만, 그 외의 입김을 차단하는 것이다. 분명 잘 부러지거나 색이 이상할 때가 있다. 냉정하게 평가해야 제대로 된 정보를 전달할 수 있고, 리뷰의 신뢰성도 올라간다."

그동안 건프라 리뷰는 사진 콘텐츠가 일반적이었다. 제룡은 "사진은 프라모델의 디테일을 보여준다는 점에서는 좋지만, 움직여보아야만 알 수 있는 건프라의 관절, 변신, 무기 사용 같은 것은 사진 리뷰만으로는 이해할 수 없다. 조립할 때 헷갈리기도 한다. 이 점을 영상이 채워줄 수 있다"고 말했다.

"지나가다 영상을 봤는데 멋있어서 저도 샀어요." 건담 홀릭의 주요 타깃은 '초보'다. 건프라가 인기를 끌면서 '입문'은 하고 싶은데 어려워 보여 주저하는 사람들이 많다. "처음 채널을 만들면서 중점으로 다루겠다고 생각한 것은 초보자가 따라 할 수 있어야 한다는 점이다." 프라모델 고수들은 매뉴얼 없이 도색하거나 변형하는 '커스터마이징'을 많이 하지만, 제룡은 대부분 정석대로 조립하는 것도 이 때문이다. 그는 "콘텐츠가 생명력을 가지려면 반드시 신규 유입이 있어야 한다. 그러려면 초보자들이 쉽고 가볍게 볼 수 있어야 한다"고 덧붙였다.

독자 피드백 반영, '포즈 잡기' 성공

"생각보다 포즈를 잡는 데 힘겨워하는 분들이 많았다." 제룡이 리뷰 영상 외에 별도로 '포즈 잡는 영상'을 만든 이유다. "이상하게 포장지에 나온 포즈는 멋진데, 내가 만들어보니 엉거주춤하다"는 독자 반응이 많았다. 〈건프라 멋있게 세우는 방법〉이나 〈도전 액션 포즈〉 같은 콘텐츠도 있다.

핵심 콘텐츠는 여전히 '리뷰'지만 다양한 시도도 이어졌다. 〈탑5〉, 〈기체정보〉, 〈건담용어 알아보기〉, 〈건프라 추천〉 등이 있다. 제룡의 〈탑5〉는 랭킹 쇼 형식을 접목했다. 주목할 만한 신제품 랭킹을 만들거나 '색깔이 이상한' 제품 순위를 만드는 식이다. 최근에는 '신제품 소개'를 생방송으로 선보였고, 〈가을과 어울리는 건프라〉, 〈여름 바다처럼 푸른색의 건프라〉 같은 다양한 콘셉트의 소개 콘텐츠를 만들었다.

실험적인 콘텐츠 중 가장 반응이 좋았던 것은 〈제룡이 간다〉다. 제룡이 건프라나 피규어를 테마로 한 장소를 직접 찾아가는 내용이다. "얼마 전에는 강원도 강릉의 한 건담 테마 카페에 다녀왔는데 반응이 뜨거웠다. 그 지역에 사는 분들도 '이런 것이 있는지 몰랐다'면서 좋아하셨다."

다양한 시도가 늘 성공했던 것은 아니다. "뼈아픈 콘텐츠가 있다. 바로 〈명장면 명대사〉다." 건담 애니메이션에 나오는 명장면을 제룡을 비롯해 회사의 다른 크리에이터들이 직접 더빙해 연기하는 내용이었다. 시도는 신선했지만, 반응은 냉담했다. "연기력이 너무 떨어진다"는 지적이 많았다.

제룡은 "건담이라는 범주에서 벗어나지 않는 선에서 다양한 시도를 하겠다"고 밝혔다. "우선 온라인과 오프라인의 접목을 강화하려고 한다. 지금도 사람들을 초청해 건담 관련 퀴즈 쇼를 여는데, 이런 방송을 늘려 한국에서만 볼 수 있는 '건담 홀릭'만의 오프라인 행사를 열겠다."

취미가 직업이 된 건담 프라모델 크리에이터 제룡(안은찬).

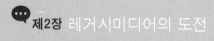

제2장 레거시미디어의 도전

SBS 모비딕,
'지상파 편견'을 깨다

SBS 박재용 모바일제작사업팀장

"지상파가 해봤자 얼마나 하겠어." 처음 나왔을 때만 해도 비관적 전망이 많았다. 그러나 SBS가 론칭한 모비딕은 가장 '핫'한 모바일 브랜드 중 하나다. 모비딕은 모바일(Mobile)과 딕테이터(Dictator, 지배자)의 약자로 '모바일 지배자'라는 의미다.

모비딕은 〈양세형의 숏터뷰〉, 〈I.O.I(아이오아이)의 괴담시티〉, 〈경리단길 홍사장〉 같은 모바일 예능 콘텐츠를 개척했다는 평가를 받는다. 특히 시사와 예능을 접목한 〈숏터뷰〉는 안희정, 이재명, 남경필, 유승민, 심상정 같은 대선 주자들을 이색적으로 인터뷰해 화제를 모았다. 박재용 SBS 모바일제작사업팀장을 만나 모바일 시장에 뛰어든 SBS의 전략을 들었다.

"6월 20일 기자 간담회를 하고 콘텐츠 배포를 시작했다. 제작 인력은 PD 5명에 프리랜서까지 포함해 24명 정도의 직원이 있다. 다들 뉴미디어 콘텐츠를 만들어본 경험이 없어서 걱정을 많이 했다. 그런데 생각보다 짧은 기간에 좋은 반응이 나타났다. 2016년 10월 말 기준으로 4,000만 조회 수를 돌파했다. 다행스럽게 생각한다."

"대표적인 콘텐츠는 〈숏터뷰〉다. 시청 층이 10대부터 30대 초반까지 잘 나온다. 10대가 좋아하는 코미디 방식에, 20~30대가 관심을 갖는 인물을 섭외하다 보니 그렇게 나온 것 같다. 래퍼 도끼와 더콰이엇이 나온 회차는 200만 조회 수를 넘겼다. 예상 외로 반응이 좋았던 것이 연예인의 공포 체험 콘텐츠인 〈I.O.I(아이오아이)의 괴담시티〉다. 아이돌이라 그런지 해외에서 시청하는 이들이 많았다."

"재미있는 것은 홍석천 씨가 부동산을 알아보고 식당을 개업하는 과정을 담은 〈경리단길 홍사장〉에 젊은 층의 시청이 거의 없었다는 점이다. 아무래도 부동산, 식당 개업이라는 콘셉트 특성 때문인 것 같은데, 중장년층이 많이 봤다. 이 콘텐츠는 다시 편집해 텔레비전에 내보내는 전략을 썼다. 심야 시간대에 편성했는데도 2.7퍼센트(수도권 기준, 전국 기준 2.4퍼센트)로 동시간대 1위를 했다."

Q 예상과 다르게 시행착오를 겪은 적이 또 있나?

"아이돌 콘텐츠에 대한 반응도 아주 독특했다. 아이돌이 나오면 무조건 많이 볼 것 같지만, 꼭 그렇지도 않았다. 요즘 젊은 세대는 자신이 좋아하는 연예인 외에는 전혀 관심이 없다. 취향이 전문적이면서도 제한적인 느낌이다. 그래서 구독이 빨리 늘어났지만, 한계가 생각보다 빨리 찾아왔다. 아시다시피 지상파는 방송 타깃층을 최대한 넓게 잡고 기획하다 보니 유난히 10대를 위한 콘텐츠를 만드는 것이 어렵다."

Q 성공한 콘텐츠의 공통점을 꼽는다면 무엇일까?

"무엇보다 진솔해야 한다. 텔레비전에서처럼 꾸미거나 포장하면

뉴미디어 콘텐츠 제작 경험이 없었지만 짧은 기간에 좋은 반응을 끌어낸 SBS 박재용 모바일제작사업팀장.

잘 안 통한다. 〈경리단길 홍사장〉에서 홍석천 씨가 과거 커밍아웃을 회상하는 내용이 담긴 편이 조회 수 100만을 넘겼다. 일반인의 의뢰를 받아서 가수가 사랑 고백을 대신해주는 콘텐츠도 제작했는데, 군대 갔다 온 친구에게 고백하는 내용은 조회 수가 150만 정도 나왔다.”

Q 모바일과 텔레비전의 결정적 차이점이 뭐라고 생각하나. 제작과 편집 과정에서 기존 콘텐츠 제작과 어떤 면이 다른가?

“오히려 콘텐츠라는 점에서는 같다고 생각한다. 해외 프로그램 포맷 행사를 보면 모바일 콘텐츠가 텔레비전에서도 나올 때가 많다. 다만 시청하는 방식이나 매체가 다르기 때문에 접근법이 달라야 한다. 모바일은 호흡이 아주 짧고, 스마트폰 같은 디바이스가 굉장히 작아서 클로즈업이 많아야 하고, 자막도 커야 한다. 또 ‘후킹’이라고 하는데, 앞부분에 재미있고 자극적 요소를 배치해야 한다. 심의를 안 받으니까 분야적으로 텔레비전에서 시도하기 어려운 것들도 할 수 있다. 〈숏터뷰〉도 텔레비전이라면 불가능했을 콘텐츠다.”

Q 기존 MCN 업체의 사례를 공부했다고 들었는데, 인상적이었던 점은 무엇인가?

“4개월 동안 준비했고 이 과정에서 우상범 메이크어스 대표, 72초 TV 관계자들 등을 만나 업계 이야기를 많이 들었다. 기존 MCN 업체들은 가볍고 쉽게 즐길 수 있는 콘텐츠를 정말 잘 만든다. 또 데이터 분석을 기반으로 세세한 타깃까지 섬세하게 잘 파고든다. 메이크어스의 브랜드 딩고는 타깃팅을 한 살 단위로까지 끊어서 채널을 만들 정도다. 스타트업은 투자를 받고 이런 식으로 비전을 보이는 것이 이상적이지만 우리는 현행법상 투자를 받을 수 없다. 따라서 데이터 분석을 기반으로 한 타깃팅을 제한된 예산으로 하기에는 어려움이 있다."

Q 모비딕은 연예인 중심의 방송이라든가. 제작 방식이나 문법이 여전히 지상파 같다는 지적도 있다.

"그게 문제라고 생각하지 않는다. 오히려 지상파 같은 스타일이 우리가 지향해야 할 길이다. 우리는 연예인이 나올 수 있고, 영상도 더 고급스러운 느낌을 줄 수 있다. 가볍게 하는 스타트업의 방향과는 다르다. 텔레비전이라는 매체가 있으므로 어느 정도 양질이 보장되는 콘텐츠를 만들면 모바일에서 쓰고, 편집해서 텔레비전에도 내보낼 수 있는 접점이 생긴다. 물론 우리 방식이 외면받으면 문제겠지만, 어느 정도 반응이 있다는 사실이 증명되었다. 사실 모바일 콘텐츠는 '이렇다'고 누가 정의할 수 있겠나. 우리는 우리가 능숙하고 잘 다루는 칼로 요리하면 된다."

Q 역으로 기존 방송 사업자이기 때문에 모바일 콘텐츠 제작에 유리했던 점도 있지 않나?

"우리는 계속 콘텐츠를 만들어왔기 때문에 어느 정도 준비는 되어 있었다. 음식을 만드는 것은 우리가 해오던 일이니까 자신은 있었다. 어느 그릇에 담느냐 정도의 차이라고 생각한다. 또 다른 업체와 달리 제작 인프라가 잘 구축된 것도 장점이다. 제작 노하우나 작가도 있고, 연예 기획사들과 관계도 원만하다."

Q 출연료, 제작비를 고려하면 수익성이 취약하다는 생각도 든다.

"수익성은 모든 모바일 콘텐츠 제작사가 하는 고민이다. 영상 나오기 전에 틀어주는 광고만으로는 수익을 내기 어렵다. 우선 협찬과 브랜디드 콘텐츠 등을 시도해봤다. 〈숏터뷰〉 프링글스 편을 비롯해 몇 개 했는데, 우리가 텔레비전에서는 적극적으로 광고 노출을 안 하다 보니 서투르다. 콘텐츠 판매 등도 생각한다. 다만 수익을 내려면 콘텐츠가 우선 활성화되어야 한다. 아직은 채널을 키우는 데 주력하고 있다."

Q 글로벌 시장이 화두인데, 진출 계획이 있나?

"따로 진출하는 개념이 아니라 모바일 자체가 글로벌화되어 있다. 예상치 못하게 해외에서도 반응이 나오는 콘텐츠가 있다. 아이돌이 출연하는 공포물 〈I.O.I의 괴담시티〉나 게임 분야 〈정대만〉은 따로 외국어 자막도 만들어 올린다. 프로그램 판매 시장은 준비하고 있다."

Q "가뜩이나 시장이 좁은데 지상파가 굳이 진출할 필요가 있냐"는 지적도 있다.

"지상파 경영 환경이 악화되고 있다. 콘텐츠 기업으로서 모바일에 진출하지 않으면 안 되는 상황이 되었다. 지상파의 진출에 대해 우려가 있는 것도 사실이지만, 우리가 MCN 업체들의 경쟁자가 아닌 동료라고 생각한다. 한곳에 서점이 많아지면 서점 거리가 생기고 상권이 전국으로 확산된다. 그런 개념으로 이해했으면 좋겠다. 우리가 양질의 콘텐츠를 만들면 스타트업 업체들도 자극을 받을 수 있고, 광고주의 관심을 더 끌어올 수 있다."

Q 앞으로 어떤 시도를 할 계획인가. 기획 중인 아이템이 있나?

"지금 하지 않는 분야에 대한 도전이다. 특히 음악이나 뷰티 쪽 콘텐츠를 만들 것이다. 모바일에 적합한 분야고, 뷰티의 경우 해외 진출에도 유리하다."

들이대는 인터뷰,
모바일이니 좀더 나가볼까?

— 〈양세형의 숏터뷰〉 제작 현장

"오케이, 준비합시다." 서울 상암동 SBS, 테이블에 둘러앉아 회의하던 이들이 순식간에 여기저기 흩어졌다. 눈 깜짝할 사이에 손에 장비를 들고 다시 나타났다. 카메라 4대가 세팅되었고 조명이 켜졌다. 지미집(Jimmy jib, 크레인과 같은 구조 끝에 카메라가 설치되어 있으며 리모컨으로 조종할 수 있는 무인 카메라)까지 동원되었다. 작가, PD, 조명, 촬영 인력까지 14명에 달했다. SBS의 모바일 전용 콘텐츠 '모비딕'의 간판 코너 〈숏터뷰〉 제작 현장은 흔히 생각하는 디지털 콘텐츠답지 않았다. 기성 방송사 예능 촬영장과 크게 다르지 않았다.

촬영지인 SBS 17층은 구내 식당이다. 상암동 일대 전망이 보이는 통유리를 배경으로 태극기와 성조기가 세워졌다. "에이, 위치 바꿔야 해요. 정상 회담할 때는 크로스. 한국 정상 뒤에 성조기가 있고, 미국 정상 뒤에 태극기가 있어요." 소형석 PD가 현장을 둘러보며 세트를 점검했다.

　이날 콘셉트는 한미 정상 회담이다. 미국 대선 평가 인터뷰를 진행하기 위해 넣은 설정이다. 오후 3시가 조금 넘은 시각, 인터뷰이인 미국 정상(?)이 촬영장에 들어섰다. '뇌섹남'으로 유명한 유학생 타일러 라쉬다. 그는 JTBC 예능 〈비정상 회담〉 출연 이후 여러 프로그램에 출연해 인기를 끌고 있다. 정치·사회 현안에 대해 날카롭게 이야기하는 것으로 유명하다.

　'타일러가 똑똑하기는 하지만, 미국 대선 평가에 어울리는 전문가인가?'라는 생각이 들었다. 소형석 PD는 모바일 콘텐츠이기 때문에 가능한 패널이라고 말했다. "미국 대선 이슈에 대해 사람들이 궁금해합니다. 그런데 진짜 전문가를 모시면 크게 와닿지 않을 것 같더라고요. 독자들이 좋아하면서 동시에 우리 프로그램 콘셉트를 이해해줄 만

한미 정상 회담을 콘셉트로 한 〈숏터뷰〉에는 '뇌섹남'으로 유명한 유학생 타일러 라쉬가 출연했다.

한 분을 찾은 것이죠."

숏터뷰는 주제만 놓고 보면 '시사'나 '교양' 분야지만 내용은 '예능'이다. 가수 이승환을 인터뷰할 때는 정치적 발언을 할 때마다 조명이 꺼지게 설정했다. 아니나 다를까, 불이 계속 꺼졌다. 이재명 성남시장을 인터뷰할 때는 '악플 낭독'을 시켰다. 별것 아닌 것 같지만 이승환이 '소신 발언'을 한다는 점을 부각했고, 이재명 성남시장에게 소셜 미디어가 '약'이자 '독'이라는 점을 드러냈다.

이 같은 독특한 설정에는 연출을 맡은 소형석 PD의 공이 컸다. 그는 예능이 아닌 교양 PD 출신이다. 〈그것이 알고 싶다〉 팀에서 일하다 2015년 유명인이 모바일 영상을 제작한다는 콘셉트의 서바이벌 프로그램 〈18초〉를 연출한 계기로 모바일팀에 오게 되었다.

"웃기는 것을 목적으로 프로그램 제작을 해본 경험이 많지 않다 보니 힘들더라고요. 하지만 〈숏터뷰〉는 단순히 웃기는 프로그램은 아닙니다." 소 PD는 진지한 표정으로 강조했다. "현재 사회적 이슈가 반영된 포인트가 있고, 여기에 유머 코드를 넣어요. 사람들이 그냥 웃기는 것보다 이런 것을 더 좋아하고, 카타르시스를 느낀다고 생각합니다. 이런 코미디에 대한 이용자의 갈증도 있다고 봅니다."

촬영이 시작되었다. 퀴즈 코너에서 국가 의전 서열에 대한 문제가 나왔다. 보기에는 '대통령 국회의장 대법원장 국무총리 대통령'이 있었다. 타일러가 되물었다. "왜 대통령이 두 번 나오나요? 아, 현재 상황에 맞게 해석해야 하나요?" 양세형이 지난 12일 광화문 촛불 집회 사진을 꺼냈다. 경찰 측과 주최 측이 주장한 인원 추산이 5배가량 차이가 났던 그 집회다. "여기에 있는 사람들의 수를 구하시오"라는 문제가 나왔다. 하나하나 세보던 타일러는 "내가 이러려고 〈숏터뷰〉를 했나"라며 응수했다.

트럼프에 대한 평가도 날카롭지만 유쾌하게 풀어냈다. 양세형은 "트럼프 당선인이 북한 김정은 위원장과 햄버거 먹으면서 대화하겠다고 말했는데 어떤 의미인가"라는 질문을 던졌다. 타일러가 답했다. "그는 사람들이 열광하는 메시지로 선거 운동을 했어요. 이번에도 북한에 미국적 스타일을 밀어붙이겠다는 의미라고 봐요. 그런데 이 사람 말이 워낙 자주 바뀌어서 어떻게 될지는 몰라요." 다시 양세형의 질문. "자 여기서 문제. 김정은과 트럼프는 어떤 햄버거를 먹을까요? 꼭 맞추셔야 해요. 이것을 물어보려고 초청했어요."

"그래도 오늘은 좀 덜 예민한 편입니다." 소 PD의 말이다. 정치인 인터뷰 때는 민감한 질문이 종종 나온다. 표창원 더불어민주당 의원과 이재명 성남시장 편에서는 보좌진이 당황하거나 제지하는 모습이 카메라에 잡혔다. "예민한 점을 묻고 그걸 녹이는 방식을 쓰다 보니 보좌진이 당황할 때가 있습니다. 계속 설득하고 조율합니다."

외형적으로는 일반적인 지상파 방송 촬영장과 크게 다르지 않지만, 분위기는 달랐다. 심의를 걱정하지 않아도 되는 모바일 콘텐츠의 자유분방함이 촬영장에서도 드러났다. 촬영 시작 전부터 제작진이 타일러에게 엄포를 놓았다. "아마 상상 이상으로 세형 씨가 엄청 들이댈 것입니다. 텔레비전 방송이 아니다 보니 다른 때보다 적극적으로 할 것입니다."

역시 들이댔다. 현빈과 하지원이 드라마 〈시크릿 가든〉에서 했던 윗몸 일으키기 장면을 패러디하며 인터뷰하는 컷이 시작되었다. 양세형이 부담스러울 만큼 얼굴을 갖다 댔다. 제작진은 "시국이 시국인 만큼 (〈시크릿 가든〉 패러디를) 한번 해봅시다"라는 농담을 건넸다. 말도 안 되는 설정이 이어지자 "이것까지만 힘들고 나머지는 말로만 하면 됩니다. 한미 관계를 위해 협조해주세요"라는 농담도 나왔다.

유난히 카메라를 클로즈업해서 찍는 장면이 많았다. 멀찌감치 있는 카메라도 '대포' 렌즈로 인물의 얼굴을 '타이트'하게 잡았다. '초밀착 인터뷰' 코너 때는 지미집도 양세형 얼굴 바로 앞까지 내려왔다. 크기가 작은 디바이스로 시청하는 모바일 콘텐츠이다 보니 얼굴도 크게 잡고, 자막도 큼지막하게 넣는다고 했다.

소 PD는 모바일 콘텐츠 문법에 대한 고민이 많다. 중요한 것은 처음 고집대로 밀어붙이지 않고, 피드백에 따라 변주해야 한다는 사실이다. 그는 "자막을 최대한 많이 넣어요. 처음에는 쓸데없어 보이는 표현은 굳이 안 넣었는데, 이용자를 분석해보니 70퍼센트가 이어폰을 안 끼고 보더라고요. 그래서 지금은 웬만하면 다 넣죠"라고 말했다.

'예상된 공식'이 들어맞지 않을 때도 적지 않았다. 〈숏터뷰〉의 최근

대선 국면에서 〈숏터뷰〉의 인기가 치솟았다. 대선주자들이 앞다투어 출연했는데, 특히 안희정 충남도지사 편은 조회 수가 200만을 넘겼다.

프로그램은 초반보다 방송 분량이 더 길다. '여기서 한마디 더 하면 이용자가 화면을 끌 거야', '의미는 있지만, 안 웃기니 빼야지'라는 생각을 많이 했다고 한다. "초반에는 정말 모바일 문법을 보수적으로 적용했어요. 그런데 이용자들이 우리 콘셉트와 정서를 이해하다 보니 오히려 더 긴 영상을 원하더라고요. 자신감이 늘다 보니 길이가 더 늘어났습니다." 초창기 때 1편은 3분 내외였으나 현재는 8분가량이다.

파격적인 설정을 하는 이유는 무엇일까. 인터뷰 쇼의 형식을 탈피하고 싶었다고 한다. "미국에서는 오바마 대통령에게 정책 설명을 시켜놓고 지루한 표정을 지으며 귀를 파는 장난을 치는 것도 토크쇼에서 허용됩니다. 반면 우리는 경직된 분위기가 정형화되어 있습니다. 모바일 콘텐츠 제작 기회를 통해 좀더 자유로운 분위기의 인터뷰 쇼를 만들고 싶었습니다."

인터뷰 이후 소 PD의 바람은 이루어졌다. 대선 국면에서 〈숏터뷰〉의 인기가 치솟았다. 안희정, 남경필, 심상정, 유승민 같은 대선주자들이 앞다투어 〈숏터뷰〉에 출연했으며 안희정 충남도지사 편은 조회수가 200만을 넘겼다.

이와 관련해 소 PD는 전화로 "진지하고 딱딱하게 검증하고 정책을 설명하는 기존 프로그램과 달리 의외의 상황을 통해 유연하고 친숙하게 다가가는 점이 캠프 측과 이용자 모두에게 긍정적으로 작용한 것 같다"면서 "방송사 입장에서도 모바일은 정치적 중립을 엄격히 지킬 필요가 없다는 점에서 유연하게 만들 수 있다"고 설명했다.

'아재' 방송 KBS,
인터넷 방송 제작 고군분투기

KBS 고찬수 MCN 사업팀장

"자네 인터넷 전용 콘텐츠를 만들어보지 않겠나?"

고찬수 MCN 사업팀장은 회사에서 소문난 IT '덕후'였다. 1990년대 후반 예능 PD로 KBS에 입사했지만 버라이어티 열풍에 '나까지 동참해야 하나'라는 회의를 느꼈다. 우연히 접한 인터넷 방송이 그를 '입문'하게 만들었다. IT 관련 책을 많이 읽고 모임에도 나갔다. 이후 사내 게시판에 IT 관련 글을 자주 올렸다. '방송과 IT의 융합'이 주된 주제였다.

2014년 KBS가 그를 콘텐츠 사업국 N스크린사업팀으로 발령낸 배경이다. 인터넷 콘텐츠가 주목받는 것 같은데, 어떻게 해야 할지 막막하니 사내 전문가에게 맡기겠다는 것이다. 시행착오를 통해 가장 '아

재'다운 방송사 KBS의 이미지를 개선 중인 고찬수 팀장을 KBS 별관
에서 만났다.

"잘 모르지만 일단 '웹 · 모바일 드라마' 한번 해보자"

2014년 10월, 그는 N스크린사업팀 소속이 되었다. 팀장이지만 팀
원은 없었다. 무슨 일을 해야 할지도 막막했다. "일단 시장 조사도 해
야 하고, 감이 안 잡혀 12월까지 시간을 달라고 회사에 이야기했다. 그
런데 국장은 '웹 · 모바일 드라마'를 만들고 싶어 했다."

"웹 · 모바일 드라마는 수익 모델이 없다." 당시만 해도 고찬수 팀
장은 우려를 나타냈다. "그때만 해도 가장 잘된 웹 · 모바일 드라마가
〈후유증〉인데 제작비만 1억 5,000만 원이 들었다. 그런데 그것을 통한
수익은 500만 원 정도뿐이다. 클릭당 1원씩 벌기 때문에 대박을 쳐도
돈을 벌기 힘든 구조였다." 설상가상으로 배정된 예산이 비현실적이
었다. KBS의 경우 수신료 기반으로 운영되어 까다로운 감사를 받아
야 하기 때문에 선제적인 투자가 쉽지 않은 구조였다.

우선 드라마국 차원에서 기존 콘텐츠를 가공하는 시도부터 시작했
다. 홍길동 이야기를 다룬 KBS 단막극 〈간서치열전〉을 웹 · 모바일 드
라마로 내보냈다. 영상을 10분 단위로 잘라 네이버에 올렸다. "나름의
'장치'를 마련했다. 다른 것은 네이버에 먼저 올렸지만, 마지막 회는 네
이버에 공개하지 않았다. 시청률을 끌어올리기 위해 마지막 회는 텔레
비전에 먼저 방영했다. 어느 정도 화제성이 있었지만, 아쉽게도 결과

에 큰 차이는 없었다."

"이대로는 안 되겠다"는 생각에 사업자들을 만나며 시장 상황을 파악했다. "웹·모바일 드라마 제작사 대표들은 공통적으로 네이버에 안 좋은 감정이 있더라." '우리는 모든 것을 걸고 만든 콘텐츠인데, 네이버는 양질의 콘텐츠라고 생각하지 않고 홀대한다'는 불만이었다. 지금 네이버는 MCN 콘텐츠를 적극적으로 지원하지만 당시만 해도 분위기는 달랐다.

다행히도 서로가 원하는 접점이 있었다. KBS는 막강한 브랜드가 있고, 웹·모바일 드라마 제작사에는 웹·모바일 드라마 제작 경험과 콘텐츠가 있었다. "KBS가 웹·모바일 드라마를 하면서 구축한 '마이K'라는 모바일 플랫폼이 있었다. KBS와 제작사가 협의체를 만들고 우리 플랫폼에 이들 콘텐츠를 넣게 하고 텔레비전에도 내보내면서 우리 콘텐츠가 풍성해졌다. 그리고 이들 콘텐츠를 포털사이트와 계약할 때 KBS 협의체 이름을 달고 진행하니 브랜드 제고 효과가 있었다." 고찬수 팀장의 말이다. 이후 KBS는 웹·모바일 드라마 〈연애탐정 셜록K〉, 〈프린스의 왕자〉, 〈빨간 목도리〉 등을 텔레비전에도 편성했다.

웹 시트콤 〈마음의 소리〉, 광고 완판 '대박'

고찬수 팀장은 "KBS가 웹·모바일 드라마를 만들면서 낡은 이미지를 개선하는 효과는 있었지만, 지속 가능하게 하려면 돈을 벌어야 했다"고 강조했다. "단막극이 왜 돈이 안 되는지 아는가. 최소한 미니

〈마음의 소리〉는 동명의 인기 네이버 웹툰을 시트콤으로 만든 것이다. 이 콘텐츠는 네이버에 먼저 내보내고 이후 KBS에 편성하는 전략을 택했다.

시리즈처럼 회차가 16부작 이상이 되어야 광고와 협찬이 들어온다. 그런데 웹·모바일 드라마는 앞뒤 광고를 붙일 수 없는 데다 단막극처럼 짧기 때문에 광고 자체를 붙이기 힘들다."

그래서 다른 방식이 필요했다고 고찬수 팀장은 말했다. "지금은 '수익 구조'를 찾기 위한 실험을 하고 있다. 기본적으로 텔레비전과 인터넷 양쪽에 내보내는 콘텐츠를 만들면서 다양한 시도를 하는 것이다."

가장 성공한 웹 콘텐츠는 최근 방영된 〈마음의 소리〉다. 〈마음의 소리〉는 동명의 인기 네이버 웹툰을 시트콤으로 만든 것이다. 이 콘텐츠는 네이버에 먼저 내보내고 이후 KBS에 편성하는 전략을 택했다.

"사실 네이버 입장에서는 네이버 TV캐스트의 가치를 높이기 위해 방송보다 네이버에 먼저 내보내길 원했다. 우리가 양보했다고 생각할 수 있지만, 오히려 이익이 되었다. 네이버에 먼저 나와 화제가 되니 광고주들이 몰려 텔레비전 광고가 완판되었다." 지상파 방송 광고 시장에서 채널별로 주말 메인 예능 프로그램을 제외하고는 광고가 완판되는 경우는 드물다.

투자 규모를 늘려 웹 · 모바일 드라마 〈대작〉도 제작하고 있다. 웹 · 모바일 드라마 〈안단테〉는 30억 원의 제작비가 들었다. 통상 웹 · 모바일 드라마 예산 규모가 1억 원에서 3억 원인 점을 고려하면 과감하다. 대신 텔레비전 콘텐츠에서 성공한 '사전 판매' 전략을 택했다. "이번에는 텔레비전 드라마가 수익을 내는 방법을 그대로 도입해봤다. 엑소의 카이 같은 유명 아이돌을 내세우고 일본, 홍콩, 동남아시아 등에 사전 판매해 제작 중인 현재 제작비 상당 부분을 이미 회수했다."

아프리카TV와 지상파 줄타기, 예띠스튜디오의 시행착오

고찬수 팀장이 가장 심혈을 기울인 것은 MCN 사업이다. 그는 처음 팀에 배정되었을 때부터 "MCN을 하고 싶다"고 요구했다. "그런데 당시에는 생소한 개념이었다. 다행히 운 좋게 2015년부터 MCN이라는 단어가 국내에서 화제가 되었다. 다행히 '한번 해보라'는 결재가 떨어졌다."

KBS는 '예띠스튜디오'라는 브랜드를 만들고 크리에이터를 뽑는 오디션을 시작했다. "'1인 크리에이터'를 뽑습니다." KBS가 대대적으로 광고했지만, 난감한 상황이 벌어지기도 했다. "워낙 산업이 생소했다.

KBS가 하는 인터넷 방송의 진행자를 뽑는다고 하니 아나운서 비슷한 것이라고 생각했나 보다. 그래서인지 아나운서 지망생들이 대거 몰렸다." 우여곡절 끝에 먹방, 헬스 등 크리에이터 12팀의 콘텐츠를 비롯해 개그우먼 오나미의 '뷰티채널', K팝 신인 아이돌의 콘텐츠인 '넥스트K팝' 등을 만들게 되었다.

'인터넷 방송'과 '지상파 방송' 사이의 줄타기가 이어졌다. 예띠스튜디오가 1주일에 1번씩 인터넷 라이브 방송을 하기 시작했는데, '혼돈'의 연속이었다. "KBS가 이런 콘텐츠를 만들어도 되나 싶었다. 방송에 내보낼 수 없을 정도로 두서없는 토크가 되었다. 모니터했는데 너무 재미없었다."

좀더 형식을 갖추자는 지적이 나왔다. 큐시트를 만들고 기본적인

수익 구조를 만들기 위해 다양한 실험 중인 KBS 고찬수 MCN 사업팀장.

대본을 짰다. 출연자가 말문이 막히면 '이런 이야기를 하라'고 판넬에 써서 들었다. 고찬수 팀장은 "우리는 텔레비전 방송하던 습관이 남아 있다 보니 개선하면 할수록 그냥 텔레비전 방송과 같아졌다. '인터넷 방송'이 아니라 '질이 떨어지는 텔레비전 방송'이 되어버렸다"고 지적했다.

돌파구를 모색하던 도중 인터넷 방송을 텔레비전에 편성해보는 전략까지 나왔다. KBS 편성팀에서 예띠스튜디오의 콘텐츠를 편집해 새벽 시간대에 내보내자고 제안한 것이다. "텔레비전은 사람들이 많이 보니까 나쁘지 않다고 생각했다." 고찬수 팀장은 제안을 받아들였다. "다만 지금 스타일로는 안 될 것 같아 트레져헌터에 연락해 유명 크리에이터인 양띵과 악어를 MC로 섭외했다."

반응은 어땠을까. "시청률이 엄청 잘 나왔다. 그 시간대에 0퍼센트대가 나오는 게 정상인데 1퍼센트를 넘겼다." 고찬수 팀장에 따르면 본부장이 직접 축하한다고 이야기할 정도였다. 반응이 좋아지니 대우도 달라져 텔레비전 스튜디오로 옮겨 진행하게 되었다. "스튜디오에 오니까 또다시 텔레비전 프로그램과 똑같아지는 문제가 발생했다. 결국 4회 접어드니까 시청률이 다시 떨어졌다. 재기발랄하다고 생각했는데, 텔레비전과 같은 콘텐츠인 데다 연예인이 아닌 얼굴도 모르는 사람들이 진행하니 매력이 사라진 것이다."

다음 전략은 과감했다. '아프리카TV'스타일로 가자는 것이다. "위험하다"는 지적도 나왔지만 도전하게 되었다. 크리에이터들 4팀이 30분씩 방송을 진행한 후 동시접속자 수 대결로 1등을 뽑는 방식으로 아프리카TV 등에서 생중계로 방송한 뒤 재편집해 내보냈다. 〈마이 리틀 텔레비전〉과 유사한 방식이다.

우려는 현실이 되었다. 방송통신심의위원회는 품위 유지, 가학적 묘사 등 방송 심의 규정을 위반했다며 제재했다. 당시 여당 고대석 심의위원은 "종편도 아니고 KBS에서 왜 이런 프로그램을 했을까. 안타깝다"는 말을 남겼다. 고찬수 팀장은 "이것은 아니다 싶었는데 역시나 심의 제재를 받고, 시청자위원회에서도 이야기가 나왔다. 시청률도 잘 안 나왔다. 결국 5개월 정도 하고 폐지되었다"고 설명했다.

"사람들은 그때 이후 예띠스튜디오가 사라졌다고 생각했는데 아직 건재하다." 고찬수 팀장은 "물론 시장의 흐름이 1인 크리에이터 콘텐츠에서 오리지널 콘텐츠를 만드는 것으로 넘어가면서 우리가 예띠에 신경을 덜 쓰게 되었다. 이탈하는 멤버도 있었다. 하지만 SK텔레콤의 '옥수수'와 논의를 통해 〈아이돌 인턴왕〉 콘텐츠를 만드는 등 제작이 이어지고 있다"고 말했다.

고찬수 팀장은 "처음 이 팀에 와서 돈 벌겠다는 생각을 하지 않았다. KBS의 이미지를 젊게 했다는 점만으로도 충분히 성과가 있다. KBS가 더는 방송에 묶이지 않고 새로운 시도를 한다는 이미지를 준 것"이라고 평가하고, "이제는 성공하는 콘텐츠를 계속 만들어내야 하는 시점이다. 지금도 고민하고 있다"고 말했다. KBS의 실험은 지금도 이어진다.

밴쯔의 먹방을
TV 생중계로 본다면?

CJ E&M 다이아TV 황상준 편성 · 사업팀장

인터넷 방송이 텔레비전으로 들어갔다. 대도서관의 게임 방송과 밴쯔의 먹방, 회사원A의 뷰티 방송을 텔레비전에서 라이브로 만날 수 있다. 소속 크리에이터만 1,000팀이 넘고 월 조회 수가 10억을 넘길 정도로 국내에서 가장 규모가 큰 MCN 업체 CJ E&M의 다이아TV는 2016년 MCN 전용채널 다이아TV를 론칭했다.

모바일 콘텐츠 시장을 이끌던 MCN이 텔레비전에 들어간다는 것은 이례적인 행보다. '발전'이라는 평가와 '역행'이라는 비판이 엇갈린다. 황상준 다이아TV 편성 · 사업팀장은 "우리는 기본적으로 MPN(Multi Platform Network, 멀티 플랫폼 네트워크)을 추구하는 사업자"라며 "텔레비전 방송을 잘 만드는 회사이기 때문에 텔레비전을 하나의 플랫폼으로 선택한 것"이라고 강조했다.

인터넷 방송의 부정적 이미지, 텔레비전으로 씻어낸다

"우리가 잘해서 결과가 잘 나오면 우리 판단이 옳았다고 할 것이고, 결과가 안 좋으면 '거 봐'라고 하실 텐데." 황 팀장은 업계의 관심을 의식하고 있었다. 그는 "우리는 우리에게 맞는 최적화된 길을 찾는 것이다. 1,000여 명에 달하는 크리에이터가 있고, 텔레비전 채널을 가진 MCN 사업자는 우리가 유일했다"고 말했다.

텔레비전 진출의 가장 큰 효과는 '자정 작용'이라는 것이 황 팀장의 견해다. 그가 방송을 준비하며 가장 많이 들은 질문은 '라이브 방송을 해도 사고가 나지 않을까' 하는 염려다. 다이아TV는 크리에이터 억섭호(안재억, 조섭, 유호) 팀이 한 주간 화제였던 이슈를 두고 토크하는 〈프로입털러〉, 먹방 크리에이터 밴쯔가 초대 손님과 함께 음식을 먹으며 토크하는 〈아이엠밴쯔〉, 국내외 뷰티 신제품에 대해 리뷰를 진행하는 〈신화사〉(신비한 화장품 사전) 같은 프로그램을 매일 2시간씩 라이브로 방송한다.

그는 '개인적 생각'이라고 전제한 뒤 "아프리카TV 같은 개인 콘텐츠를 그대로 놔두면 위험한 점이 있는데, 우리를 통해 자정이 되면 이 생태계에 선순환이 일어날 것"이라고 내다봤다. "아프리카TV는 해외에서 유사한 서비스를 내놓을 정도로 선진적인 별풍선 시스템을 도입했는데, 브랜드 자체가 폄훼되는 면이 있다. 이런 상황에서 방송법 테

두리 안으로 오면 비속어를 못 쓰는 등 사회적 지탄을 받지 않는 수준으로 순화되는 것이 이점"이라고 했다.

'가족이 함께 거실에서 시청해도 눈살이 찌푸려지지 않는 방송.' 황 팀장이 정의하는 다이아TV다. "크리에이터를 통해 재미를 주려면 라이브가 가장 적합한 수단이라고 생각했다. 기본적으로 선정적인 방송을 하는 분들도 아니었고, 서로 조심하다 보니 비속어나 방송사고 문제는 없었다." 그는 다만 "특유의 자유분방함이 위축되지 않을까 걱정해 대안을 고민한다"고 덧붙였다.

16~29세대는 광고 안 먹혀?

"방향이 잘못된 것은 아닌가"라는 의문도 제기되었다. 텔레비전을 외면하는 세대가 보는 콘텐츠를, 텔레비전에서 방송한다는 것은 번지수를 잘못 찾은 것처럼 보였다. 더군다나 텔레비전 산업이 무너지고 있었다. 그러나 황 팀장은 "텔레비전이 쇠락한다고 말들 하는데, 그럼에도 강력하다는 점을 알아야 한다. 여전히 대부분 광고는 텔레비전에 몰린다"면서 "우리는 격변하는 이 시기에 텔레비전과 온라인 사이를 오가며 줄타기를 하는 것"이라고 말했다.

텔레비전에 주로 광고를 하는 기업들은 '주 소비층'인 30~40대를 찾는다. 그동안 CJ E&M의 콘텐츠 타깃 역시 이 범주를 크게 벗어나지 않았다. 반면 다이아TV는 16~29세를 주력 시청 층으로 잡고 있다. 황 팀장은 "광고 수요가 그곳(연령대가 높은 시청 층)에 존재하지만,

우리는 더 젊은 세대를 향한 새로운 광고로 어필하겠다는 전략"이라며 "장기적으로는 여러 가지 노림수를 잘 적용할 수 있을 것으로 기대한 다"고 말했다.

진행 중인 '노림수'는 유튜브 같은 뉴미디어와 텔레비전 채널의 '묶음 광고 상품'을 추진하는 것이다. "뉴미디어와 레거시미디어의 접점이 있다. 온라인 광고는 효율성을 고려한다. 텔레비전 광고는 효율성보다는 '인지도'와 '이슈'라는 요소를 더 고려한다. 우리는 둘 다 갖고있으니 다양한 효과를 노릴 수 있다. 지금 단계에서 말할 수는 없지만, 규모가 큰 기업과 함께 유튜브와 방송 콘텐츠 연계 광고를 추진하고 있다."

황 팀장은 광고에 자신감을 보였다. "CJ E&M은 광고 조직이 탄탄

밴쯔의 라이브 먹방. 먹방 크리에이터 밴쯔가 초대 손님과 함께 음식을 먹으며 토크하는 콘텐츠다.

하다. 아직은 프로그램에 간접광고를 넣지 않지만, 시작하면 우리가 대한민국에서 광고 영업을 가장 잘할 수 있는 집단이지 않나"라는 것이다.

퍼스트 스케일러 전략

"채널을 돌리는 시청자를 30초나 1분 이내에 잡는 것이 중요하다. 순간적으로 '이것이 나에게 도움이 되는 콘텐츠'라고 생각하지 않으면 이탈이 잦아질 수밖에 없다. 이런 코드를 방송에 녹이려고 노력한다."

황 팀장이 말하는 다이아TV의 콘텐츠 전략이다. 주력 프로그램 중

텔레비전을 플랫폼으로 활용하는 CJ E&M 다이아TV 황상준 편성 · 사업팀장.

에는 먹방 〈아이엠밴쯔〉가 가장 인기가 많다. 황 팀장은 "심플하다. 먹는 프로그램이기 때문에 즉각적으로 반응이 온다"고 말했다. 회사원 A의 〈신비한 화장품 사전〉도 인기가 높은 편이다. 회사원A는 "귀차니즘이 빚어낸 추천 문화가 작용하고 있다. 추천해준 것을 쓰면 적어도 기본은 한다는 점이 무의식에 깔리는 것이다"라고 말한다.

이용자 반응은 어떨까. 다이아TV는 이용자들이 앱을 통해 라이브 방송 진행자와 소통할 수 있다. "채팅 데이터는 매일 취합해 다음 날 오전에 분석한다. 아직 한 달밖에 되지 않아 애매한 면이 있지만 '언니 예뻐요' 같은 반응을 보면 기존 유튜브 팬들 중 방송으로 넘어오는 분들이 있다는 것을 알 수 있다. '저 사람이 누구냐?'는 질문은 MCN을 안 보던 분이 새로 유입되기도 한다는 의미다. 물론 빅데이터로 따지면 'ㅋㅋㅋㅋ'가 가장 많을 것이다."

앞으로 도전할 콘텐츠 포맷이 궁금했다. 그는 "크리에이터를 상담원 개념으로 출연시켜 이런저런 잡담을 나누는 콘텐츠를 마리텔처럼 편집해 편성하는 것"을 기획하고 있다. "시청자 비디오를 받아서 내보내는 것도 재미있을 것 같다. MCN 콘텐츠에 대한 랭킹 쇼도 생각한다"고 덧붙였다.

다이아TV는 CJ E&M의 '광고'와 '방송의 영향력'을 활용하면서도 '연예인'을 전면에 내세우지 않는다. 황 팀장은 "우리 방송은 모두에게 열려 있지만, 크리에이터 자격으로 가는 것이 원칙"이라고 강조하며 "가장 핫한 연예인을 대거 기용한다면, 그것은 '연예인빨'이지 우리 콘텐츠로 사람을 모으는 것이 아니다. 단기적 효과는 있겠지만, 장기적으로는 손해가 될 것이다"라고 말했다.

다이아TV의 목표는 아시아 영향력 1위다. "페이스북에 앞서서 싸이월드가 있었고 마이스페이스가 있었다. 중요한 것은 누가 시작했느냐가 아니다. 아이디어를 누가 냈느냐도 아니다. 누가 먼저 몸집을 키워서 가장 큰 영향력을 확보했는가다. 우리는 인력과 자본의 규모를 가장 빨리 키워 아시아 1위가 될 것이다. 이 과정에서 텔레비전은 매우 효과적인 플랫폼이 될 것이다." MCN 업계에서 '퍼스트 스케일러'가 되겠다는 뜻이다.

'코덕'이 믿고 보는
〈신비한 화장품 사전〉 비밀은?

—〈신비한 화장품 사전〉 리허설 현장

"안녕하세요. 회사원입니다. 코덕이라면 반드시 본방사수해야 하는 세상에서 가장 코덕코덕한 방송."

방송인데 생소한 용어부터 쏟아졌다. '코덕'은 '코스메틱(화장품) 덕후'를 지칭하는 은어다. 서울 상암동 CJ E&M센터 C스튜디오에서 진행된 다이아TV의 〈신비한 화장품 사전(신화사)〉 리허설 현장은 텔레비전 방송과 MCN의 성격이 결합한 독특한 모습이다.

"회사원, 3번 카메라 볼게요. 다가와서 선글라스 벗고." 일반적인 방송과 마찬가지로 제작진과 함께 리허설하고 본방송을 한다. 4대의 카메라가 크리에이터 회사원A를 향해 있고, 3명의 제작진이 카메라 앞에 나란히 앉아 대본을 체크한다. 조명과 음향까지 합치면 12명에 달했다.

그러나 MCN 방송의 색깔이 강했다. 회사원A는 "방송 진행자라면 정해진 대본을 숙지만 해도 되지만, 크리에이터가 기획 단계부터 어떤 아이템을 하고 싶은지 말하고 '가 구성안'에 대한 피드백을 할 수 있다"면서 "내 언어로 내가 하고 싶은 말을 자유롭게 할 수 있는 점이 다르다"고 말했다. 출연자와 제작자의 역할을 겸하는 크리에이터의 특성이 반영된 것이다.

〈신화사〉는 2부로 나뉜다. 1부 '얼리어답터'는 한국에서 생소한 제품을 리뷰한다. 2부 '다시 쓰는 코스메틱'은 '국민템', '입소문템' 같은 유명 아이템들을 사용한다. 이날 입소문템은 '레드립'이다. 방송에서 회사원A는 "웬만한 '국민템', '입소문템' 다 검증해야 하는 〈신화사〉에서 레드립 열풍을 그냥 넘어갈 수 없다"고 말했다.

방송 내내 시청자들과 대화가 이어졌다는 점도 독특했다. "오늘은

크리에이터의 특색을 톡톡히 살려 방송하는 다이아TV 〈신화사〉 촬영 현장.

방송 중에 돌발퀴즈를 낼 예정입니다. 정답을 맞힌 분을 채팅창에서 선발해 '오늘의 신화사템'을 드리도록 하겠습니다." "아니요, 지금 방송이 끝난 것이 아니라 1부만 끝났어요"라고 하는 식이다. 방송이기 때문에 제품의 실명을 거론하지 못하지만, 독자들은 알아맞힌다. 모니터를 바라보는 회사원A는 "아, 그거 맞습니다. 4만 원이나 하는 그 제품"이라고 답한다. 물론 생방송임을 고려해 방송에 나가는 채팅창은 1차적으로 제작진이 거른다.

회사원A는 MCN TV채널은 전문적인 도움을 받는다는 점에서 기존 인터넷 방송과 다르다고 밝혔다. "구하기 힘든 제품을 사거나 섭외하기 힘든 사람을 섭외하는 것"이 이점이다. 회사원A는 외국어로도 콘텐츠를 만드는데, 일본을 비롯해 해외에서 인기가 많다. 이날은 이원생중계로 일본 뷰티 크리에이터 링링과 영어로 인터뷰가 진행되었다. 외국어가 유창한 회사원A의 장점을 극대화하는 장치다. "오 실시간 번역", "세계로 뻗어 나가는 신화사"라는 댓글이 달렸다.

신제품이나 생소한 제품을 리뷰하는 방송은 회사원A가 유튜브에서부터 해오던 주력 콘텐츠다. 리뷰 콘텐츠를 보는 심리를 물으니 회사원A는 "아이폰 신제품 리뷰가 나오면 보고 싶죠? 그런 느낌으로 접근하면 된다"고 답했다. 화장품 리뷰에도 '신뢰'가 필요하다. 일반적인 뷰티 콘텐츠는 광고나 협찬이 많지만, 〈신화사〉는 간접광고나 협찬 없이 운영된다고 밝힌 것도 이 때문이다.

이름이 왜 회사원A일까. 그는 회사원 출신이다. 유튜브에 영상을 올리게 된 것은 "회사를 때려치우고 싶은데 내가 할 수 있는 것이 무엇인지 고민하다 내린 결정"이었다. 현재는 구독자 93만 명에 달하는 인기 크리에이터로 성장했다.

그는 구독자가 1만 명이 되기 이전부터 다이아TV와 계약해 매니지먼트를 받았다. 많은 크리에이터들이 매니지먼트를 해줄 MCN 회사를 고민하는데, 회사원A는 "상황에 따라 다른 판단을 해야 한다"고 조언했다.

"본인의 이미지, 채널에 대한 비전에 맞추어 가장 지원을 잘해줄 수 있는 회사를 찾는 것이 중요하다. 영상을 만드는 것이 싫고 예쁘게 나오는 것이 좋다면 이를 적극적으로 지원해주는 회사에 들어가면 좋다. 반면 모든 것을 주도적으로 하는 스타일이면 최소한의 지원만 해주는 곳을 찾는 것이 더 낫다."

⑨⑨

SBS, 기술 중심
동영상 포털사이트를 꿈꾼다

SBS 김혁 미디어비즈니스센터장

방송사는 수십 년치 영상을 보관하지만, '활용'은 제한적이다. 다시 쓰려면 기억을 더듬어 언제 방영되었는지를 찾아야 했다. "영상을 보물처럼 여기면서 쌓아놓고만 있다. 보관만 한다고 팔만대장경처럼 가치가 생기지 않는다. 쓰임새가 있어야 진짜 보물이다." SBS가 역대 방송 기록을 디지털에 맞게 다시 분류하고, 개방하는 독특한 사업을 추진하는 배경이다.

관련 사업을 총괄하는 김혁 SBS 미디어비즈니스센터장은 "모바일 시대에 텔레비전을 모바일로 보여주는 것이 전부였던 상황에서 '제4차 산업혁명에 SBS는 어떻게 대응할 것인가?'라는 물음에 이 서비스로 답하는 것"이라며 "최종 목표는 동영상 포털사이트"라고 강조했다.

지상파는 위기다. 사람들이 텔레비전을 떠나고 경쟁 사업자들이 성장하면서 시청률이 붕괴하고 광고 시장이 무너졌다. 모바일 중심의 동영상 시장이 나날이 커지고 있지만, VOD 서비스를 하고 영상을 짧게 잘라서 올리는 데 그친다. 김 센터장은 "모바일에서 살아남으려면

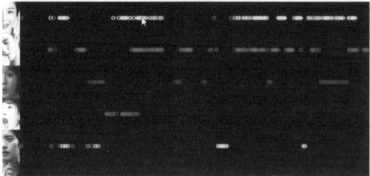

메타데이터 얼굴 인식의 예.

166

메타데이터 추출을 통해 활용도를 높여야 했다"면서 "두 가지가 중요했다. 첫째 '검색'이 가능해야 한다. 둘째 '공유'되어야 한다. 그렇지 않고 소멸하면 의미가 없다"고 말했다.

SBS는 아카이빙 작업을 통해 기존 영상 1만여 시간 분량을 인물, 장소, 음성, CG자막, 대사, 상황 기술 등 다양한 차원에서 쪼개고 데이터화했다. 얼굴 인식을 통해 특정 출연자가 나오는 장면을 분류했다. 영상에 등장하는 '파란 옷', '우산', '나무' 등 오브젝트를 자동으로 추출해 기록했다. 여기에 '경복궁' 같은 유명 장소도 인식하도록 했다. 장기적으로는 인물의 감정도 기록해 분류할 계획이다.

예를 들어 SBS 〈런닝맨〉에서 하하와 유재석이 휴게소에서 식사하는 장면이면 '유재석, 하하, 휴게소, 라면, 파란 패딩' 같은 데이터를 구분해 분류한다. 간단한 검색만으로도 "런닝맨에서 하하가 나오는 장면"만 모아서 볼 수 있다. 자료 화면으로 '관절염'이나 '종로구 치킨집'을 검색하면 관련 교양 프로그램의 해당 장면이 나오는 대목들도 쉽게 찾을 수 있다.

이미 쓸모가 없는 오래된 작품을 활용하는 것이 어떤 의미가 있을까. "지상파는 VOD와 클립 영상을 올리지만 휘발성이 강하다. 오늘 나온 콘텐츠가 하루 지나면 의미 없어지는 구조"라며 "영상 시장을 '소비'가 아닌 '정보' 중심으로 전환하고 싶었다. 영상이 정보가 되면 옛날 작품에 다시 생명을 불러일으킬 수 있고 새 시장이 열릴 것이라는 기대가 있다."

SBS는 디지털 아카이브를 오아시스TV(Open Archive System의 약자)라는 서비스를 통해 개방했다. 우선 파트너사를 선정해 무료로 제공하고, 장기적으로는 돈을 받을 계획이다.

기껏 아카이빙을 해놓고 SBS가 콘텐츠를 개방하는 이유가 뭘까. 김 센터장은 "생태계를 만들고 싶기 때문"이라고 답했다. "영상을 활용해 다양한 시도를 하고 싶다. 혼자는 못하니 아이디어가 있으면 같이하자는 것이다. 우리 영상을 소재로 큐레이션하면 그들은 영상을 따로 만들지 않으면서도 서비스할 수 있어 좋고, 우리는 옛날 작품을 의미 있게 활용하는 방법을 찾으니 좋다."

어떤 시도를 할 수 있을까? SBS가 실험 삼아 진행한 공모에서는 '어학 교육'과 '커머스' 분야가 주목받았다. 어학 교육은 SBS의 드라마, 예능 프로그램 콘텐츠를 잘라서 한국어 교육용 동영상 교재를 만드는 식이다. 커머스의 경우 등장인물의 패션을 활용할 수 있다. 전지현이 등장하면 이때 입는 옷과 같은 디자인의 상품 구매 페이지로 이동한다.

김 센터장은 "이 같은 콘텐츠도 좋지만, 순위권에 들지 않은 테마 중심의 큐레이션 아이디어가 더욱 인상적이었다"면서 "이런 서비스를 활성하기 위해 단순히 영상만 제공하는 것이 아니라 직접 투자를 해야겠다고 생각했다"고 말한다.

이상적으로 활용하려면 단순한 영상 짜깁기에 그치지 않아야 한다는 것이 그의 견해다. "드라마 키스신 모음은 소진되고 끝난다. 키스신도 장소별로, 계절별로 해서 지도와 연결하고 여행과 연결하는 서비스라면 정보로서 가치가 생긴다"는 것이다. 그는 이외에도 의학 정보를 모아서 '의학 포털사이트'를 만들거나, 맛집을 다룬 콘텐츠를 지도, 커머스 서비스와 연계하는 것과 같은 아이디어를 예로 들었다.

SBS의 시도는 의미 있지만, 스타트업 관계자들 사이에서는 아쉽다는 평가도 나온다. 활용에 제한이 있기 때문이다. 하나의 영상에서 쓸 수 있는 클립 수가 적고, 동영상 자체를 다운로드받지 못하고 오아시스 사이트 내에서만 편집할 수 있다. 영상에 별도로 CG 작업을 하는 등 재가공에도 한계가 있었다.

이와 관련해 김 센터장은 "단순히 기존 콘텐츠를 그대로 보고 즐기는 형태가 되는 것을 피하고자 했다"면서 "다운로드를 방지한 것은 우리 입장에서 어떤 구간을 어떻게 사용했는지 관리해야 하고, 그게

영상 시장을 '소비'가 아닌 '정보' 중심으로 전환하고 싶은 SBS 김혁 미디어비즈니스센터장.

정산 기준이 되기 때문이다. 영상에 그래픽을 입히는 작업을 하는 것은 초상권 문제가 있다 보니 우리 권한 밖이다"라고 설명했다.

목표는 온디맨드형 동영상 포털사이트

SBS의 큰 그림은 따로 있다. 사업자들에게 콘텐츠를 개방한 이후에 대중에게 관련 동영상을 제공하는 사업을 할 계획이다. "목표는 동영상 포털사이트다. 물론 아직은 상상하는 단계이기 때문에 어떤 형태가 될지는 모른다. 분명한 것은 동영상 소비가 늘어날 것이고, 여기에 맞는 서비스를 준비해야 한다는 사실이다."

김 센터장이 생각하는 동영상 포털사이트의 콘텐츠는 "영상에서 시작해서 태그가 링크되고 다시 다른 정보와 연결이 되는 공간"이다. "영상을 보면서 '맛집 포털사이트' 같은 서비스가 연계되는 개념이다. 음식에 관심이 있어 영상을 보면 커머스까지 이어지는 것이다. 제공은 온디맨드 방식이 되어야 한다. 레고블록처럼 분절화된 것을 개인에 맞춰서 그 사람을 위한 물건으로 만드는 것이 근본적인 목표다. 지금은 그 0.1단계를 한 셈이다."

이미 동영상 플랫폼 독점이 이뤄진 상황에서 새로운 플랫폼을 만드는 것은 쉽지 않은 과제다. 무모해 보이기도 한다. 김 센터장은 "누군가 '경쟁자가 없는 곳에는 먹을 것이 없고, 먹을 것이 있는 곳에는 경쟁자가 많다는 말이 있다'고 말했다. 그래도 모바일 사용량이 늘고, 동영상을 더 많이 보는 흐름이 분명하다. 우리는 이것을 믿고 가는 것"

이라고 강조했다.

"네이버 광고가 텔레비전과 신문 광고 규모를 뛰어넘었다. 대부분 기존의 매스미디어가 하지 않던 작은 기업의 광고들이 모여 판을 바꾸었다. 방송 서비스가 필요한 사람에게 도움이 되는 정보형 콘텐츠로 바꾸고, 비휘발성 콘텐츠 시장이 성장하면 이전과 다른 시장이 나타날 것이라고 기대한다. 지금 이 도전을 하지 않고서는 다음 시대에 시장을 지키기 어렵다고 봤다."

❖ 인터뷰 이후인 2017년 7월, SBS는 NHN과 함께 동영상 포털사이트를 설립하겠다고 발표했다. 서비스 출시일은 2018년이 될 전망이다.

제3장 디지털 콘텐츠 제작사

속사포 드라마
문법 만들고 유료화까지 도전하다

72초TV 성지환 대표

"인터뷰하면 기자분들이 모바일 특화 콘텐츠를 만드는 비결이 뭔지 묻는데, 우리 콘텐츠는 모바일에 특화되었다고 생각하지 않아요."

성지환 72초TV 대표의 말이다. 그는 '데이터 분석'이나 '모바일 특화 문법'을 필수로 꼽는 다른 사업자와는 결이 달랐다. "만드는 입장에서 재미있는 것이 가장 중요하다"고 강조했다. 그렇게 제작된 〈72초 드라마〉, 〈두 여자〉, 〈오구실〉은 웹 드라마의 '끝판왕' 격이 되었다. 최근 실시한 채용에 지원자가 1,000여 명이 몰렸다는 점은 72초TV의 인기를 실감케 한다.

72초TV는 출발부터 달랐다. 모바일·웹 콘텐츠 시장은 독립 제작사나 마케팅 업체, 기술 스타트업 출신이 다수지만 그는 '공연 기획' 사업 출신이다. "우리는 시청각예술창작집단이라고 표현한다. 돈 벌려고 뮤직비디오도 만들었지만, 그보다는 공연을 더 재미있게 만드는 데 주력했다."

2014년 사업성이 불투명해 회사를 접었다. 2012년 제작했던 프랑스 시트콤을 패러디한 영상을 유튜브에 올렸다. "예상 밖으로 반응이 좋았다. CJ와 네이버에서 연락이 왔다. 그때부터 조언을 얻어가며 드라마를 만들었다." 2분 남짓한 시간에 속사포로 일상을 쏟아내는 〈72초 드라마〉의 원형이다.

성공 비결을 묻자 그는 "성공이라고 말하기 힘들다"면서도 "재미있는 콘텐츠를 만들겠다는 전략이 통한 것 같다"고 강조했다. "우리는 처음부터 모바일에 특화된 콘텐츠를 만들겠다고 공언하지 않았다. 대신 재미있는 콘텐츠를 만들겠다고 생각했다. 텔레비전에 편성해도 광고시간대에 편성해도 어느 곳에서든 재미있도록 말이다. 우리는 지금도 그렇게 생각한다. 모바일에서 봐도 괜찮은 콘텐츠지만 모바일 특화 콘텐츠는 아니다."

"어떻게 이렇게 문법을 하나도 안 지킬 수 있나." 성 대표가 〈72초 드라마〉 시즌1이 성공한 뒤 KBS에서 특강을 한 적이 있는데, 그때 KBS 관계자에게서 들은 이야기다. 이음새 없는 편집, 인물 간 겹치는 오디오 등 기존 방송과는 문법이 확연히 달랐다. 성 대표는 "당시 우리는 영상

전공자도 없었고 경험도 없었다. 그것이 오히려 '재미있는 콘텐츠'를 만드는 데 도움이 되었던 것 같다"고 밝혔다.

재미있는 콘텐츠란 무엇일까. 성 대표는 "다양한 작품을 만들지만, 우리 콘텐츠의 기준은 '우리의 이야기'여야 한다는 점이다. 자신이 가장 잘 아는 자신의 이야기를 해야 가장 재미있게 만들 수 있다"고 설명했다.

72초TV를 관통하는 키워드는 '일상'이다. '나는 오늘 식당에 갔다', '나는 오늘 엘리베이터를 탔다'로 시작하는 〈72초 드라마〉와 30대 직장인의 '썸'을 담은 〈오구실〉, 20대 여성 둘이 물건 구입, 옷 환불 등을 두고 티격태격하는 내용을 담은 〈두 여자〉 모두 일상을 소재로 한다. 비현실적인 설정의 캐릭터가 등장하는 텔레비전 드라마와 가장 차별화된 대목이다.

〈72초 드라마〉는 이음새 없는 편집, 인물 간 겹치는 오디오 등 기존 방송과는 문법이 확연히 다르다.

최근 가장 인기를 끈 72초TV의 웹 드라마는 〈오구실〉로 시즌3까지 누적 조회 수 1,500만을 기록했다. 주연 배우 이채은은 텔레비전 드라마 주연 배우 못지않은 인기를 누린다. 성 대표는 "〈오구실〉 시리즈는 생각보다 조회 수가 높지 않았는데, 시간이 흐를수록 팬덤이 강해졌다"고 말했다.

"30대 직장인 여성의 잔잔한 이야기를 담은 콘텐츠가 많지 않다 보니 인기가 높았던 것 같다. 30대는 공감하고, 20대는 '30대가 되면 나도 저렇게 되지 않을까' 하며 본다. 우리 회사 작품의 모든 캐릭터가 그렇지만 옆집에 있을 것 같은 느낌이 들고, 우리가 살아가는 일상을 담고 있다."

모바일 콘텐츠가 성공하려면 '데이터 분석'이 필수로 여겨지지만, 성 대표는 "우리는 2016년까지 데이터 분석을 따로 하지 않았다. 어느 플랫폼에서 조회 수가 어느 정도 나왔는지 보는 정도였다"고 말했다.

그는 오히려 "기본적으로 데이터로 콘텐츠를 만든다는 점에 동의하지 않는다"고 잘라 말하기도 했다. "데이터를 분석해서 사람들이 '이런 것을 좋아한다'는 결과를 낼 수는 있다. 그렇게 만들면 평균적인 작품은 만들 수 있겠지만, 그 이상의 작품은 만들 수 없다. 다들 비슷한 작품을 만들게 되기도 한다. 제작자라면 데이터에 기대기보다는 잘 만들 수 있는 콘텐츠를 제작하는 것이 중요하다"는 이유에서다.

업계 관계자는 다른 업체와 72초TV를 비교해보니 72초TV가 '재미있는' 콘텐츠를 만드는 비결을 알 것 같다고 말했다. 72초TV는 정기적으로 파티를 연다. 그냥 노는 자리가 아니라 누구든, 어느 직책이든 대표에게 새로운 콘텐츠를 제안할 수 있다. 물론 '킬'될 수 있지만, 장벽 없이 쉽게 제안하는 것이 다른 업체에는 없는 독특한 문화다.

72초의 파격 실험, '콘텐츠 유료화'와 '콘텐티드 브랜드'

그렇다면 2017년 데이터 분석을 시작한 이유는 무엇일까. 성 대표는 "콘텐츠를 더 잘 만들기 위해서가 아니라 독자들을 더 잘 알기 위해서 분석한다"면서 "일상을 콘텐츠로 만든 다음 단계에서 우리의 콘텐츠를 다시 일상으로 가져가는 작업에 도전할 것"이라고 답했다.

웹·모바일 드라마 〈두 여자〉를 브랜드화해 뷰티 패션 상품을 내놓으며 콘텐츠를 일상에 알리고 〈오구실〉의 콘셉트를 통해 '오구실 공구세트', '오구실 게스트하우스' 등을 구상했다. 그는 "브랜디드 콘텐츠가 아니라 콘텐츠가 다시 브랜드가 되는 '콘텐티드 브랜드'"라고 설명했다. '콘텐티드 브랜드'는 성 대표가 만들어낸 용어다. 인터뷰 자리에 같이한 홍보 담당 이은미 매니저는 "대표가 요즘 미는 표현"이라며 웃었다.

인터넷 동영상을 재생할 때 뜨는 프리롤 광고를 콘텐츠와 동일한 소재로 만든 것도 독특한 실험이다. 유튜브나 네이버에서 〈오구실〉을 보면 그 콘텐츠의 콘셉트에 맞는 화장품 광고가 뜬다. 플랫폼 사업자가 광고를 파는 것이 아니라 72초TV가 자사 콘텐츠의 프리롤 광고를 광고주에게 직접 판매하는 방식이다. 성 대표는 "기존 네이버 광고보다 비싸게 팔고 수입을 네이버에 배분해주는 방식"이라며 "조회 수와 상관없는 수익 구조를 갖게 된다"고 설명했다.

독자들에게 프리롤 광고는 짜증을 유발하는 원인이지만, 콘텐츠와 같은 콘셉트의 광고는 반응이 달랐다. 물론 저항이 전혀 없는 것은 아니지만, "광고도 〈오구실〉이네요. 끝까지 봐야지"라는 댓글이 눈에 들어온다. 성 대표는 "독자에게는 거부감이 덜하기 때문에 광고주도 더 좋아한다"면서 "팬들은 콘텐츠가 더 잘되었으면 하는 바람 때문에 (광고를) 보기도 한다"고 말했다.

가장 돋보이는 것은 웹·모바일 드라마는 '공짜'라는 인식이 만연해 있는 상황에서 시작된 '콘텐츠 유료화' 실험이다. 일반 콘텐츠는 무료로 풀되 스페셜 에피소드를 유료로 파는 방식이다. 영구 소장 기준 편당 1,200원이다. 유료 모델 도입을 앞두고 독자의 항의가 우려되어 불안해서 잠도 제대로 못 잤는데, 예상보다 좋은 반응이 나왔다고 한다.

성 대표는 "콘텐츠의 가능성을 알아보기 위한 실험 차원에서 시도했는데, 반응이 좋아서 놀랐다"고 말했다. 〈오구실〉 스페셜 에피소드는 네이버 N스토어 기준 실시간 1위, 일간 2위를 기록하기도 했다. 홍보 담당 이은미 매니저는 "팬들이 거부감을 가질 것 같아 걱정이 많았는데, 〈오구실〉을 더 오래 볼 수 있으면 이 정도 돈은 얼마든지 지급할 수 있다'는 의견이 많았다"고 설명했다.

언론사의 '네이티브 광고' 같은 '브랜디드 콘텐츠'는 72초TV의 주력 사업모델 중 하나다. 업계가 기업 광고를 본격적으로 제작하기 전 선보인 〈72초 드라마〉 '나는 오늘 드디어 협찬을 받았다' 편은 성공적인 브랜디드 콘텐츠로 꼽힌다.

〈72초 드라마〉의 등장인물 콘셉트를 그대로 살리면서, '삼성에서 협찬을 받아서 부득이하게 드라마 곳곳에 제품을 홍보해야 한다'는 콘셉트로 영상을 만들었다. 주인공이 광고주의 압박을 느끼며 삼성의 이어폰 '레벨U'를 결정적인 순간마다 끼워 넣으며 웃음을 유발한다.

성 대표는 "우리는 우리가 잘할 수 있는 것에 집착한다"면서 "광고지만 재미가 가장 중요하다. 광고주들이 기존 CF 같은 방식을 원하면, 우리는 잘할 수 있는 것이 아니기 때문에 거절한다"고 말했다. 삼성의 광고는 삼성 PPL을 '디스'하는 뉘앙스가 있다 보니 삼성 측과 조율 작업이 길어졌다. 결국 수정 작업을 거치다 72초TV 측에서 고심 끝에 "콜라보하지 않겠다"고 입장을 밝혔는데, 삼성전자 전무가 콘텐츠를 보고 나서 긍정적으로 평가해 빛을 본 경우다. 실제로 기업의 제안을 거절할 때도 적지 않다고 한다. 스타트업 기업 입장에서 제안을 뿌리

콘텐츠 유료화 등 파격 실험을 이어가는 72초TV 성지환 대표.

치기는 쉽지 않지만, 그래도 거절한다. 성 대표는 "우리가 원하는 형식이 아니면 제작 과정이 힘들어지고 힘이 빠진다. 결과적으로 마이너스"라며 "무조건 우리 콘텐츠의 결을 살리겠다는 기준을 세웠다. 그것이 우리한테도 득이 된다"고 설명했다.

72초TV의 다음 과제는 해외 시장 개척이다. 성 대표는 "디지털 콘텐츠로 해외 진출이 얼마나 가능한지 궁금하다"면서 "단순히 콘텐츠에 자막을 입혀 수출하는 것이 아니라 72초 스타일로 현지 콘텐츠를 제작할 계획"이라고 밝혔다.

많이 파는 게 최선?
'잘 파는' 옴니채널 전략

글랜스TV 박성조 대표

"2016년 3월 샤넬은 잡지에서 광고를 빼겠다고 선언했다. 효율을 측정하기 힘들기 때문이다. 이후 디지털 광고를 시작한 샤넬은 9월이 되자 네이버 같은 검색 포털사이트에서 빠지겠다고 했다."

왜일까? 2017년 7월 13일 사단법인 MCN협회와 한국콘텐츠진흥원의 주최로 열린 세미나에서 발제를 맡은 박성조 글랜스TV 대표는 "샤넬의 브랜드 가치가 네이버 패션뷰티판 구독자들과 맞지 않는다고 판단했기 때문"이라고 설명했다. 샤넬이 명품인데 여드름 압출하는 콘텐츠나 저가 브랜드와 나란히 놓이면 브랜드 가치가 희석된다고 본 것이다.

박성조 대표는 "조회 수가 높게 나와도 광고주 입장에서는 시청자가 물건을 구매하는 소비자로 전환되지 않는 점이 의문"이라며 "콘텐츠가 많이 노출되는 것이 중요한 것이 아니라 어느 플랫폼에 노출되고 소비되는 것이 유효한지를 철저히 고민해야 한다"고 강조했다. 샤넬은 네이버를 떠난 이후 잡지사인 보그의 페이스북 페이지를 통해 웹툰 콘텐츠를 제작했다. 독자는 줄었지만, 오히려 효율이 높아졌다고 평가한다.

앞서 글랜스TV를 방문해 인터뷰했을 때 박성조 대표는 이 같은 전략을 '잘 파는 법'이라고 설명했다. "글랜스TV는 단순히 제품을 소개하고 싸게 파는 데만 주목하지 않는다. 가격을 낮춰서 싸게 팔 것인가. 아니면, 가치를 올려서 결과적으로 더 잘 팔 것인가. 콘텐츠로 만족스러운 경험을 제공하고 브랜드 '팬덤'을 키워 관여도를 높이고 매출을 높이는 전략이 유효하다."

잘 팔기 위해 그가 강조해온 키워드는 2가지다. '옴니채널'과 '내로우캐스팅'이다. '옴니채널'은 온라인과 오프라인 등 경계 없이 콘텐츠가 연결된 개념이다. 이를 '브로드캐스팅'하는 기존 방송과 달리 좁은 타깃을 설정해 적재적소에 송출하는 '내로우캐스팅' 전략이 필요하다는 것이다. 글랜스TV에서는 콘텐츠 제작 과정에서 오프라인 매장에 디스플레이 광고인 '디지털 사이니지' 활용을 염두에 두는 게 대표적이다. 최근에는 카페나 의류 매장, 서울시 버스까지 글랜스TV의 콘텐츠가 파고들고 있다.

"MCN이 간접광고(PPL)를 해야 한다고들 하는데, 광고주 입장에서는 이미 텔레비전을 통해 다 해보았고, 그쪽이 훨씬 영향력도 크다. 기업에 채워지지 않은 욕구가 무엇인지 봐야 한다. 기업은 콘텐츠를 이용한 디지털 마케팅에 목말라 있었지만, 제대로 활용하는 방법을 몰랐다."

이 같은 콘텐츠가 효과가 있는지 궁금했다. 브랜드 카파의 경우 오프라인 브랜디드 콘텐츠의 반응이 좋아 키즈, 자전거 등 브랜드 론칭 때도 글랜스TV와 협업하기로 했다. 박 대표는 "브랜드 매장은 연령 등 타깃팅이 이미 되어 있기 때문에 콘텐츠를 틀기 오히려 좋은 환경"이라며 "연쇄 작용이 일어나 디스플레이가 생기면 해당 콘텐츠에 대한 니즈가 생기기도 한다"고 설명했다.

모든 협업을 염두에 두는 프로세스를 구축해야 한다

콘텐츠 제작 프로세스도 이전과는 변해야 한다는 것이 박 대표의 견해다. 효율적인 콘텐츠 제작을 위해서는 플랫폼, 광고주(브랜드) 등 연계된 사업자들과 적극적인 협력이 필요하다는 것이다. 이전처럼 콘텐츠를 만들면 광고가 붙는 식이 아니라, 콘텐츠 제작자가 배급까지 고려해 제작하고 때로는 광고주, 플랫폼 등 다양한 위치의 연계 사업자들이 원하면 콘텐츠를 기획할 수도 있어야 한다는 의미다. 글랜스TV는 이 같은 방식으로 현대자동차, 코카콜라, 크리넥스 등과 협업했다.

브랜드를 위한 콘텐츠를 만든다고 하면 '광고 범벅'일 것 같지만 그렇지 않다. "음료 회사 레드불은 영상에서 음료 이야기를 자주 꺼내지 않는다. 브랜드 자체를 즐기게 한 다음 적재적소에 제한적으로 활용한다. 소비자들은 합리적이기 때문에 이 정도만 어필해도 된다고 보는 것"이라고 설명했다. 글랜스TV가 제작한 박수진이 출연해 필라테스 강의를 하는 〈박수진의 필라테스〉에서 자연스럽게 브랜드 의상이 노출되고, 기능성이라는 점도 부각된다. 이 영상의 누적 조회 수는 120만에 달했다. 최근에는 래퍼 레디가 출연한 여행 콘텐츠 〈JJ노마드〉를 제작했는데, 여행 과정에서 제주항공 로고나 기내 모습이 자연스럽게 노출된다.

MCN협회 세미나에서 박 대표가 "브랜드는 퍼포먼스를 요구하겠지만, 우리는 우리가 원하는 콘텐츠와 합의점을 마련해야 한다. 글랜스TV는 플랫폼, 디바이스, 브랜드(광고주) 등과 이런 가치를 공유한

〈박수진의 필라테스〉에서는 자연스럽게 브랜드 의상이 노출되고, 기능성이라는 점도 부각된다. 이 영상의 누적 조회 수는 120만에 달했다.

다"고 설명한 것도 같은 맥락이다.

최근 급부상한 비디오 커머스에도 협업은 중요하다. 박 대표는 "콘텐츠를 제작하고 릴리즈하고, 마케팅과 커머스까지 연계해주다 보니 브랜드에 더욱 어필되는 것"이라고 설명했다. 글랜스TV의 뷰티 콘텐츠 〈바디뷰티〉는 상품 판매와 연동된다. 쇼핑몰을 기반으로 자체 생산한 콘텐츠를 상품 페이지에 붙이는 식이다.

다만 그는 커머스에 매몰되는 것을 경계했다. "적지 않은 MCN 사업자들은 수익 모델을 만들기 위해 커머스를 한다. 우리가 말하는 커머스는 역할을 구분한다. 구매 욕구를 자극하고 좌표를 알려주는 것까지다. 우리가 쇼핑몰을 운영하고, 가격을 정하고 유통까지 담당하는 순간 콘텐츠 질은 담보하지 못하게 된다."

글랜스TV의 콘텐츠 전략은 단순히 개별 콘텐츠를 만들어 기업에 제공하는 데 그치지 않고 'IP(지적 재산권)'를 브랜드에 넘긴다는 점도 독특하다. 일정 기간 글랜스TV가 콘텐츠를 제작하고, 이후 IP를 해당 기업에 이양했다. 실제 카파는 IP를 넘겨받은 후 자체적으로 대동소이한 콘텐츠를 제작한다.

"스타벅스가 그랬듯 브랜드 자체가 미디어가 되는 시대다. 기업들이 광고 대행사에 의존하지 않고 스스로 하나의 미디어컴퍼니가 될 수 있게 지원을 하되 방법론을 제시해서 IP를 만들고 이전하는 방식을 쓰고 있다. IP 이전을 염두에 두면 기업과 협업이 더욱 원활히 이뤄지기도 한다."

"원래부터 MCN을 하려던 건 아니다." 박 대표는 레거시미디어 출신이다. DIY 채널을 비롯해 PP(방송채널사용사업자)에서 일하고, 관련 콘텐츠를 제공하는 일을 해왔다. 당시부터 넥스트 미디어로서 PP의 역할을 고민해오다 '내로우캐스팅'이라는 공통점 덕에 이 사업을 시작했다.

그는 현재 시장에서 위기에 처한 케이블에 대한 안타까움을 드러냈다. "처음 PP가 나왔을 때 콘텐츠를 만들어야 한다고 이야기했다. 케이블은 지상파와 달리 내로우캐스팅이 가능했는데, 이는 특정 산업과 적극적으로 커뮤니케이션할 수 있다는 점을 의미한다. 자동차를 좋아하는 사람들을 위해 자동차 분야 콘텐츠를 만드는 식이다. 그러나 PP는 수신료에 의존하면서 콘텐츠 제작 기능이 떨어지고 다른 콘텐츠를 가져와 편성하는 데 그쳤다."

글랜스TV 박성조 대표.

그러나 까다로운 광고 규제의 적용을 받는 PP가 MCN처럼 자유로운 콘텐츠를 만드는 것은 쉽지 않아 보인다. 박 대표는 꼭 그렇지는 않다고 답했다. "〈캐리와 장난감 친구들〉 같은 키즈 콘텐츠가 PP로도 올 수 있다. 이런 것을 자체 제작할 기회가 많았다. 결과적으로 매체에 대한 이해가 부족했기 때문이다. 시장에 상품이 있는데, 상품을 조합하지 못했던 것은 PP 사업자가 가진 경험치의 한계다."

반대 상황도 마찬가지다. 박 대표는 "기존 MCN 사업자 중 일부는 PP라는 용어 자체를 모를 정도로 기존 방송 시장에 대한 이해도가 낮았다. 그렇다 보니 PP에 배급할 수 있는 콘텐츠를 고민하지 못할 때도 있다"고 말했다.

서로가 서로에 대한 이해가 부족한 사이, 이 틈새를 양쪽 시장에 걸친 CJ E&M이 파고들었다. CJ E&M은 MCN 업체 다이아TV를 기반으로 TV채널 다이아TV를 론칭했다. 채널의 타깃 연령은 16~29세다. 박 대표는 "밀레니얼 세대를 위한 채널이 기존에 없었다는 점에서 묘수였는데, 기존의 다수 PP가 콘텐츠를 만들지 못하기 때문에 시도한 역전략"이라고 평가했다.

"MCN과 레거시미디어는 먼저 협업하는 것이 이상적이다. 레거시미디어는 뉴미디어 사업자에게 부족한 '배급망(유통망)', '광고 영업망', '제작 시스템'을 갖추었다. 반대로 레거시미디어는 조직의 경직화된 문화 때문에 창의성을 발현하기 어려운 상황을 극복할 수 있다. MCN 사업자 입장에서는 우선 협업을 통해 역량을 키운 후 오리지널 콘텐츠 제작에 나서도 늦지 않다고 생각한다."

〈전짝시〉 성공 노하우?
"20대에게 제작 맡겨라"

와이낫미디어 이민석 대표, 임희준 · 김현기 이사

#1

"저녁 먹을래?"

"나 저녁 먹었어."

"5시인데 벌써 저녁을 먹었구나."

"나 계속 너 거절하는 거 모르겠어?"

#2

"너 진짜 괜찮은데 왜 항상 까였지?"

"너…… 좋"

"하지 마!"

주저하는 순간. 고백하는 순간. 그리고 거절당하는 순간. 웹 드라마 〈전지적 짝사랑 시점(전짝시)〉은 마음을 졸이는 순간을 담는다. 아르바이트, 동아리, 과외 등 누구나 한 번쯤 겪었을 만한 상황이다.

〈전짝시〉는 텔레비전 드라마 못지않은 인기를 누리고 있다. 시즌 2는 전체 5,000만 조회 수를 기록했고, JTBC2에 편성되기도 했다. 현재 제작 중인 시즌3에서는 페이스북 구독자만 97만 명에 달한다. 18~25세 코어 타깃을 설정한 후 또래의 감성에 최적화된 콘텐츠를 만든다는 전략이 통했다.

〈전짝시〉를 제작하는 와이낫미디어의 이민석 대표와 임희준 운영 총괄이사는 방송 프로덕션 출신으로 텔레비전의 위기를 체감하고 뉴미디어 실험을 시작했다. 김현기 콘텐츠 총괄이사는 인터렉티브 콘텐츠 제작 회사를 운영하다 합류했다.

취향 저격 비밀, 친구가 만든 짝사랑 드라마

"시청자의 이탈이 느껴졌다." 이 대표는 방송 프로덕션에서 일하며 텔레비전의 위기를 몸으로 체감했다. "시청 층이 파편화되고 저연령 층부터 (TV에서) 빠져나가고 있었다. 아침 방송, 정오 방송은 광고를 못 붙였고 적자가 나는 것을 지켜봤다. 기존 편성 체계 밖에서 무엇을 할 수 있을지 고민했다."

와이낫미디어는 떠나가는 소비자들을 좇았다. SNS에서 가장 활발하게 활동하고 댓글, 공유 등 참여율이 높은 18~25세를 '코어 타깃'으로 설정해 이들을 위한 콘텐츠를 만들기로 했다. "기존 미디어는 특정 시간대에 시청자가 모여 있지만, 뉴미디어는 흩어져 있다. 이렇게 파편화된 시청자들을 끌어모으는 방법은 최적의 플랫폼에서 좁은 타깃에 초점을 맞추어 송곳처럼 꽂는 것이었다." 이 대표의 말이다.

와이낫미디어가 20대에게 '취향 저격'하는 방법은 그들이 공감할 수 있는 현실보다 더 현실적인 '짝사랑' 소재로 드라마를 제작하는 것이다. "18~25세는 유명한 사람이 나오는 콘텐츠보다 자신과 밀접한 이야기에 더 주목한다. 사랑 이야기는 흔하지만, 이들 세대에게는 누구나 경험해봤을 만한 상황에서 개인의 감정을 독백으로 넣는 '실현성' 있는 콘텐츠가 유효했다." '실현성'은 현실에서 벌어지는 듯한 생생한 느낌을 준다는 의미다.

〈전짝시〉는 텔레비전 드라마 못지않은 인기를 누리는데, 현재 제작 중인 시즌3는 페이스북 구독자만 97만 명에 달한다.

"우리가 낮은 연차의 PD였을 때 선배들은 작품이 '임장감'이 없다고 혼내곤 했다. 임장감은 스케일이 크고 사운드가 웅장한 것이다. 책이나 영화가 주된 취미였던 세대에게는 이런 콘텐츠가 가장 취향에 맞다. 그러나 지금 세대는 〈무한도전〉으로 대표되는 리얼리티를 보고 자랐다. 이들은 현실적인 느낌, 즉 '실현성'을 더 선호한다."

취향을 저격하는 또 하나의 전략은 '또래가 직접 제작하는 시스템'이었다. 와이낫미디어 제작진의 평균 연령은 26세다. 이나은 PD는 대학 졸업 전에 〈전짝시〉를 연출했다. 이 대표는 "또래와 함께 텔레비전을 많이 본 세대가 '실현성' 있는 콘텐츠를 만들 수 있다. 우리가 흉내 내는 것보다 DNA가 다른 젊은 세대에게 제작 전반을 맡긴다"고 말했다.

작품 곳곳에는 '급식충', '금사빠', '남사친' 같은 20대 언어가 자연스럽게 쏟아진다. 서로에게 마음이 있는 친구가 술김에 고백해 사귀게 되거나, 카페 아르바이트를 하며 짝사랑하는 손님이 나타나는 시간을 꿰며 오매불망 기다리는 장면은 현실보다 더 현실적이다.

소통도 그들의 방식대로, '짤방 댓글'과 '웹툰 브랜딩'으로

와이낫미디어가 운영하는 '콕TV' 페이스북 페이지에서도 또래 문화를 찾아볼 수 있다. 여사친을 향한 고백이 성공한 회차에 "좋아 이대로 여사친 사귀러 간다"는 댓글이 달렸다. 콕TV 페북지기는 정우성이 '희번덕'하는 자막과 함께 놀란 표정을 담은 '짤방'을 첨부하며 "그럼

될 것 같아?"라고 답장하는 식이다. 이용자들은 댓글을 통해 페북지기와 농담 따먹기를 한다. 나쁜 남자 주인공에 '쓰레기'라고 분노하고 고백하지 못하는 미련한 등장인물에겐 '고구마'라며 답답해한다.

임 이사는 "커뮤니티를 관리하는 매니저를 따로 두지 않고 연출자들이 직접 댓글을 작성한다. 짤빵을 넣고 '드립'을 치는 것은 일로서 노력하는 것이 아니라 실제 카톡에서 하는 대화를 자연스럽게 하는 것"이라고 말했다. 이 대표는 "내 나이 정도면 귀찮아서 댓글을 다 못 읽는다"며 "콘텐츠를 만드는 입장에서는 독자가 작품을 어떻게 보는지 궁금해하는데, 소통하면서 피드백할 수 있다는 점에서 좋다"고 덧붙였다.

웹툰을 좋아하는 젊은 세대에게 브랜드를 알리기 위해 페이스북을 통해 〈회사일상툰〉도 선보였다. 유명 웹툰 작가이자 와이낫미디어의

〈전짝시〉를 성공시킨 와이낫미디어 이민석 대표.

드라마 작가인 '사라'가 직원들을 캐릭터로 묘사하고, 사무실 이전 등 회사 이야기를 에피소드로 구성하는 식이다.

김 이사는 "페이스북에서 '사라'를 보고, 모바일 문법에 맞는 역량이 있다고 생각해 페북 메시지로 '함께 일하자'고 꼬셨다"면서 "경쟁 페이지들은 카드 뉴스를 만들어 페이지를 홍보하거나 광고를 끼워 넣었는데, 우리는 일상툰이라는 콘텐츠를 통해 브랜드에 대한 인지도를 높이는 방식으로 차별화한 것"이라고 설명했다.

조회 수에 올인? IP화로 수익성 확보

왜 드라마 분야를 선택했을까. 이 대표는 "IP(지적 재산권) 비즈니스를 하는 데 상대적으로 쉽기 때문"이라고 답했다. 와이낫미디어의 수익은 광고나 투자에서 나오지만, 장기적으로는 IP화를 통한 포맷 판매를 주 수익원으로 본다. IP 비즈니스는 단순히 콘텐츠를 판매하는 데 그치지 않고 스크립트, 문법 같은 포맷을 해외, 온라인 등에 판매해 콘텐츠를 재가공하는 개념이다.

이 대표는 "〈72초 드라마〉가 빠른 편집과 독특한 개성이 강점이라면 우리는 현실에 있을 법한 이야기로 공감을 주고 원테이크(화면 컷 없이 한 번에 촬영하는 기법) 제작 방식이 특징이라고 보면 된다"고 설명했다.

웹툰이나 웹소설의 IP는 판권만 넘기는 개념이지만, 와이낫미디어는 프로덕션까지 판매하는 것이 목적이다. "우리의 완전한 성공은 〈전짝시〉를 만들던 팀이 그대로 방송 드라마나 영화, 해외 콘텐츠를 만드는 것이고, 절반의 성공은 방송사에서 제작하되 우리가 프로듀서 역할을 하는 것이다." 이 대표의 말이다.

그는 성공적인 IP 브랜드를 위해서는 '세계관'을 구축하고 최적화된 '루틴(Routine)'을 만드는 것이 중요하다고 봤다.

"요즘은 tvN이 드라마의 트렌드를 이끈다. 지속적인 시도가 '루틴'을 만들었다. 〈응답하라〉 시리즈는 드라마지만, 하나의 포맷이자 세계관이 있다. 〈응칠〉은 예능적 요소가 강했는데, 후속작들은 예능적 요소를 살리면서 드라마로서 특성을 더 강조하며 루틴을 만들었다. 〈무한도전〉도 처음 나왔을 때는 어려움을 겪었지만, 다양한 시도를 하면서 최적의 구성을 찾았다."

IP 비즈니스에 주목하는 이유는 무엇일까? 이 대표는 업계의 현실을 지적했다. 일단 수익성이 불투명하다. 〈하우스 오브 카드〉 같은 '오리지널 콘텐츠'를 만들자니 비용이 많이 들어 투자비용을 회수하기 힘들다. 최근에는 저비용 콘텐츠를 양산하는 경우가 많은데 주로 광고, 커머스에 의존하지만 지속 가능성이 있는지 의문이다.

"우리는 그 중간쯤을 노린다." 이 대표는 "제작비는 기본적으로 퀄리티가 보장되는 선에서 쓰되 트래픽에 의존하는 대신 하나의 확실한 IP를 만들 때까지 버텨 가치를 창출할 것"이라며 "넥슨 같은 게임 회사도 IP 하나 만들 때까지는 오래 걸리지만, 성공하면 해외에서 투자 대비 1,000퍼센트의 수익을 낸다. 영상 IP도 그럴 수 있다고 본다"고 강조했다.

와이낫미디어는 영점 사격을 하듯 매번 변주를 주며 최적화된 콘텐츠를 고민한다. 시즌1은 3분가량의 개별 에피소드로 구성되어 있다. 시즌2는 매회 내용이 이어진다. 시즌3는 시즌2와 유사한 구성에 러닝타임이 길어졌고, 상대적으로 인지도 높은 배우가 출연하고 인물 관계가 복잡해졌다.

김 이사는 "시즌2에서 스토리를 이어보니 사람들이 단순한 모바일 콘텐츠가 아니라 실제 드라마처럼 인식했다"면서 "시즌3는 복잡하다 보니 스코어 자체는 더디게 올라가지만 모였을 때 '역주행 파워'가 나온다고 본다. 시즌4는 더욱 드라마처럼 제작해 텔레비전 드라마 같은 콘텐츠를 만들 예정이다. 이를 모아놓은 다음 해외 OTT, TV 진출 등을 놓고 어떤 방식이 더 가능성이 높은지 파악할 계획"이라고 말했다.

한 시리즈 내에서도 변주가 이어진다. 우선 5편을 제작한 다음 시청자 반응을 보고 다음 회차를 제작하는 방식이다. 대본을 미리 써놓는 영화, 드라마와 달리 반응에 따라 즉각적으로 보완할 수 있다. 인트로나 쿠키 영상을 넣고 빼는 방식으로 이용자 반응 데이터를 취합해 반응이 좋은 쪽을 적용하기도 한다.

실험은 〈전짝시〉에만 그치지 않는다. "〈전짝시〉가 '코어 타깃'을 잡았다면, 다른 콘텐츠들은 '타깃 확장'을 위해 제작되고 있다"고 이 대표는 강조했다. 〈사당보다 먼 의정부보다 가까운〉은 인턴들의 사랑 이야기로 〈전짝시〉보다 타깃을 두세 살 정도 높였다. 신작 〈음주가무〉는 또다시 두세 살 높여 대리와 인턴 사원의 이야기를 담았다.

"우리는 문화를 이끄는 소비자, 즉 20대를 지속해서 바라본다. 트래픽 장사가 목적이 아니라 그들의 성향에 맞는 것이 무엇인지 고민하는 '루틴', 그 과정 자체에 목적을 두고 있다. 지금까지는 성공적이고, 다음 단계로 조금씩 넘어가고 있다. 이렇게 누적된 데이터로 만든 노하우는 남들이 쉽게 따라 하지 못한다."

"모바일은 스피드,
기획부터 제작까지 1주일"

모모콘 이재국 기획본부장 · 유홍석 제작본부장

"아이참, 갑자기 판매자가 오늘 못 온다고 하네요." 불과 2시간 앞두고 촬영이 취소될 위기에 처했다. 인기 웹 · 모바일 예능 콘텐츠 〈연예인 중고나라 체험기〉 촬영에는 이처럼 돌발 상황이 잦다. 이 콘텐츠는 연예인이 중고나라에 올라온 자신의 앨범을 직접 구매해 일반인을 대상으로 몰래카메라를 하는 콘셉트다. 종종 판매자가 거래에 응하지 않거나 일정을 바꿀 때가 있다. 다행히도 "택시비를 줄 테니 와 달라. 오늘 꼭 사야겠다"는 제작진의 회유가 성공해 예정대로 진행되었다.

거래는 오후 8시 40분에 이루어질 계획이다. 장소는 홍대입구역 인근 카페. 오후 7시 30분부터 제작진은 카페 카운터와 천장에 카메라를 설치했다. 테이블 곳곳에 파란색 상자가 놓여 있었다. 외부에서는 내부가 안 보이지만 내부에선 외부를 볼 수 있는 함에 핸디캠을 넣었다. 카메라가 달린 안경 등 온갖 장비가 세팅되었다. 8시 20분 산이가 나타났다. 그는 한 스태프와 똑같은 차림으로 검은 옷에 마스크를 끼고 모자, 안경을 쓰고 대기했다. 8시 37분. "슬슬 나갈 사람 나가"라는 지시가 떨어졌다.

8시 50분이 조금 넘자 여성 판매자가 카페에 입장했다. 자리에 앉은 판매자는 산이 미니앨범 2장과 정규 앨범 1장 등 총 3장의 앨범을 테이블 위에 올려놓았다. 가격은 7만 원. 스태프는 급작스럽게 걸려온 전화를 받고서 자리를 뜨고 똑같이 분장한 실제 산이가 입장했다. 마스크와 안경 때문에 판매자는 산이를 알아보지 못했다. 산이는 태연하게 "산이 노래 중에 뭐 좋아하세요? 〈아는 사람 이야기〉 좋아하세요?"라고 물었고, 랩을 하면서 정체를 드러냈다.

산이는 "(앨범을) 뜯지도 않았네. 대박이다. 왜 파는 거야. 파는 이유가 뭐야"라고 웃으며 다그쳤고 판매자는 놀라며 "죄송해요"라는 말을 반복했다. 산이는 촬영이 끝나고 "민망한 상황이었다"면서 "그래도 판매자가 착했다. 하하 형처럼 되지 않을까 걱정을 많이 했는데, 다행"이라고 전했다. 하하 편에서는 하하의 싸인 CD를 판매한 시민이 "이 CD 필요없어요", "하하 별로 안 좋아해요"라고 말해 당황스럽게 했다. 이날 촬영은 세팅부터 종료까지 2시간이 채 걸리지 않았다.

모바일은 퀄리티보다 스피드, 방송사 시스템은 느리다

촬영 다음 날 모모콘(MORE THAN MOBILE CONTENTS) 사무실에서 만난 모모콘의 이재국 기획본부장은 "〈연예인 중고나라 체험기〉는 방송사에서 선보이기 힘든 기동성 있는 콘텐츠"라고 평가했다. 그는 방송계에서 잔뼈가 굵은 작가다. 〈SNL KOREA 시즌2〉가 대표작이고, 현재는 SBS 라디오 〈김창렬의 올드스쿨〉의 작가로 일한다. 최근에는 〈뮤지컬 캐리와 장난감 친구들〉을 집필했다.

"방송사에서 일하다 보면 '트렌드에 맞는 신선한 아이템'이 떠오른다. 그러면 CP(Chief Producer, 책임 프로듀서)까지 올라가는 데 1~2주걸리고, 본부장한테 허락받는 데 길면 두 달까지 걸린다. 다시 돌아온기획안은 초안과 달리 온갖 양념이 들어가고 '너덜너덜'해진다. 내용도

기동성 있는 콘텐츠를 선보이는 모모콘 이재국 기획본부장.

문제지만 그새 트렌드도 바뀐다. 이런 경험을 하다 보니 우리는 기동성 있는 콘텐츠를 만들어야겠다고 생각했다."

모모콘은 아이디어가 있으면 1주일 안에 콘텐츠 제작을 끝낸다. 이 본부장은 "우리는 음향, 조명, 세트에 신경 쓰지 않는다. 그러면 '헤비'해진다. PD들이 직접 카메라 들고 나가서 찍는다. 모바일은 퀄리티보다는 스피드가 중요하기 때문"이라고 강조했다. 그는 "우리는 방송사를 비판만 하려는 것이 아니라, 모바일 콘텐츠 노하우를 쌓고 있다. 서로 영향을 주고받으면서 방송 콘텐츠의 체질을 바꾸는 데 도움이 될 것이라고 생각한다"고 덧붙였다.

유홍석 모모콘 제작본부장은 편집 과정의 차이를 강조했다. 그는 KBS 〈스펀지2.0〉, 〈생생정보통〉, 〈VJ특공대〉 등의 외주 제작을 주로 해왔다. 지금은 모바일 콘텐츠에 집중한다. "방송은 60~100분이라는 시간을 정해놓고 콘텐츠를 늘리다 보니 재미있는 포인트를 놓치고 늘

〈연예인 중고나라 체험기〉는 방송사에서 선보이기 힘든 기동성 있는 콘텐츠다.

어지지만, 모바일 콘텐츠는 분량 자체가 짧다 보니 편집 포인트가 정확해 엑기스를 뽑기 수월하다"는 것이다.

이 본부장이 거들었다. "기차나 비행기에서 10대를 관찰하면 〈무한도전〉이나 〈아는 형님〉 같은 예능 프로그램을 보면서도 지루해서 계속 손으로 넘긴다. 이렇게 미디어를 소비하는 세대에게는 방송 분량을 지키기보다 함축해서 극대화할 수 있는 것이 먹히겠다고 생각했다."

짧은 영상이라고 해서 인터넷에 있는 클립 영상과 같은 개념은 아니다. 맥락 없이 재미있는 하이라이트만 잘라 넣어서는 팬을 확보하기 힘들다는 것이 모모콘의 진단이다. 짧지만 일반 스낵컬처처럼 3~5분 분량이 아니라 10분가량으로 제작하는 이유이기도 하다. 유 본부장은 "짧더라도 스토리를 담는 것이 중요하다. 기승전결이 있고, 깔끔하게 하나의 스토리를 본 느낌을 줘야 더욱 재미있다고 느낀다"고 말했다.

"판을 키우는 방법"

MCN은 일반적으로 크리에이터 중심의 콘텐츠가 많지만, 모모콘은 연예인 중심의 콘텐츠를 만든다. 대표작 〈연예인 중고나라 체험기〉와 〈블랙박스 라이브〉, 〈간판스타〉에는 모두 연예인이 출연한다.

이 본부장은 "크리에이터가 만든 기발한 콘텐츠도 중요하다"면서도 "다만 연예인이 이 시장에 오지 않으면 시장이 커지는 데 한계가 있다"고 설명했다. "케이블과 종편이 언제 성장했나. 스타들이 건너가면서 시장이 커졌다. 유재석과 강호동 같은 스타들이 종편의 성장을 견인했다. 모바일 역시 연예인이 출연하면서 '여기도 시장이 된다'는 인식을 심어주는 것이 우리의 역할이다."

일반적으로 연예인을 원하면 콘텐츠를 만들기 쉽지 않겠지만, 모바일 콘텐츠는 연예인에게도 매력적인 시장이 되고 있다. "하하 씨가 그러더라. 형 이슬라이브(가수가 술자리에서 라이브를 하는 '참이슬'의 브랜디드 콘텐츠로, 〈딩고〉의 콘텐츠)는 가수들에게 상징적이다. 여기에 나오면 실력이 있다는 의미거든." 이 본부장은 "우리 콘텐츠에 출연했다는 사실은 팬을 충분히 확보한 인기 연예인이라는 의미다"라고 덧붙였다.

모모콘은 콘텐츠 제작 과정에서 연예인의 만족도를 고려한다. 이 본부장은 "물건을 팔고 '탈덕'하려는 팬을 스타가 만나고 만류한다는 점이 연예인에게도 어필했다"고 말했다. 스타들이 직접 팬과 편하게 대화를 나누기 힘든 상황에서 '왜 자신을 잊으려는지'를 들어보는 것이 연예인에게도 좋은 기회가 된다.

"특히 가수 바다 편은 촬영을 오래 했다. 보통 30분이면 촬영이 끝나는데, 바다 씨는 팬과 계속 대화를 나누었기 때문이다." 바다는 촬영 후 "SES 20주년 앞두고, 이미 끝난 그룹인데 괜한 추억을 꺼내는 것이 아니냐는 고민이 있었는데 팬을 만나고 용기를 얻었다"고 제작진에 전했다. 임창정은 실제로 친하게 지냈던 팬을 만났다. 이 팬은 "백수라서 돈이 없다"면서 앨범을 파는 이유를 밝혔고, 임창정은 안타까워했다.

다만 모바일 콘텐츠의 수익성이 확보되지 않은 상황에서 매주 연예인을 출연시키는 것은 제작비 부담이 커 보였다. 이 본부장은 "일반적으로 촬영 시간이 짧아 출연료가 많지 않고, 연예인이 먼저 도전하고 싶어 하는 콘텐츠이기 때문에 출연료 이야기를 꺼내지 않을 때도 있다"고 말했다. 그는 "우리는 방송에서 일했기 때문에 섭외는 오히려 수월하다"면서 "모바일 시장은 조회 수가 정확히 나온다는 점에서도 연예인들이 만족한다. 서로 '니즈'가 있는 것"이라고 말했다.

디지털은 독자에게 말을 건네야 한다

모모콘의 대표작인 〈연예인 중고나라 체험기〉와 〈블랙박스 라이브〉, 〈간판스타〉는 모두 연예인과 더불어 일반인이 출연한다. 〈블랙박스 라이브〉는 '내 애인 차량에 테이가 왔으면 좋겠어요'라는 식으로 사연을 보내면 블랙박스 앞에서 몰래 라이브를 하고 떠나는 형식이다. 〈간판스타〉는 특정 가게 상호와 같은 이름을 가진 연예인이 깜짝 방문하는 내용이다. 이 본부장은 이 같은 콘셉트를 고수하는 이유에 관해 "독자들과 소통하고 나에게도 일어날 수 있는 일이라고 생각하게 만드는 것"이라며 독자의 관여를 강조한 뒤 이렇게 말했다.

"왜 10대가 아프리카TV에, MBC 〈마이 리틀 텔레비전〉에 열광하는가. 소통이 가능하기 때문이다. 10대가 방탄소년단 CD를 팔면, '방탄이 내게 오지 않을까?'라고 생각하게 된다. 스튜디오에서 노래하는 것은 나한테 일어나는 일이 아니지만, '혹시 내 블랙박스에 영상이 찍혀있는 것은 아닐까' 하는 기대도 든다. 우리는 매주 누군가를 찾아가고, 너희에게도 언젠가는 반드시 찾아간다는 메시지를 주는 것이다. 다른 곳보다 우리가 관리하는 페이지의 피드량이 많은 것도 우리가 최

대한 많이 답글을 달면서 그런 기대감을 높이기 때문이다."

독자에게 맞는 플랫폼을 찾는 것도 소통의 과정이다. 이 본부장은 "10대에게 우리 콘텐츠를 알리고 플랫폼 테스트도 해볼 겸 도티와 협업을 제안했다. 콘텐츠를 만들어 네이버에 먼저 올렸더니 깜짝 놀랐다"고 말했다. 네이버에서는 '도티가 뭔가요?' '얘 누구야?'라는 댓글이 달렸고 조회 수도 저조했다. 반면 유튜브에서는 100만 조회 수를 넘겼다. "유튜브는 댓글이 너무 많아서 읽다가 지칠 정도였다."

브랜디드 콘텐츠는 결국 광고, 콘텐츠 포맷을 키워야 한다

〈연예인 중고나라 체험기〉는 원래 '연예인 중고직거래 체험기'였다. 중고나라에서 협찬 제안이 들어오면서 프로그램 이름을 바꾸었다. "중고나라에서는 워낙 사건사고가 많다 보니 검색하면 '사기'가 연관 검색어로 뜰 정도다. 이미지 제고가 필요했는데, 우리 방송이 나간 이후 하하 같은 연예인 이름이 연관 검색어로 떴다. 또 10대에게는 유명하지 않은 사이트이기 때문에 젊은 세대에게 알릴 필요성도 있었다. 중고나라에서도 텔레비전 광고보다 이것이 더 효과적이라며 좋아했다." 이 본부장의 말이다.

그러나 콘셉트에 맞지 않는 과도한 브랜디드 콘텐츠는 지양한다는 것이 이 본부장의 설명이다. "중고나라 체험기가 뜨니까 여러 차례 브랜디드 콘텐츠 요청이 왔는데, 결국 광고이기 때문에 콘텐츠의 생명력이 짧아진다"는 것이다. "차라리 하나의 예능 포맷을 만들고 이것이 성공하면 PPL이 붙을 수 있다고 생각한다. 콘텐츠에 집중하고, 나중에 광고를 많이 붙이는 것, 또 포맷을 수출하는 것이 살아남는 방법이라고 본다."

MCN 사업자가 대개 그렇듯 아직 수익 모델은 확보되지 않았다. 중국 현지와 몇 차례 논의가 오갔지만 사드 배치 결정 이후 감감무소식이다. 이 본부장은 "그래도 음악 콘텐츠는 '딩고'가 잘 만들고 드라마는 '72초TV'가 잘 만들고, 예능은 우리가 잘 만든다는 점을 충분이 알린 한 해였다"면서 "이대로 콘텐츠를 더 키우면 충분히 가능성이 있다"고 전망했다.

광고 품은 〈꿀팁〉은
어떻게 킬러 콘텐츠가 되었나?

도빗 배윤식 대표 · 김종대 이사

화장실 변기가 막혔는데 '장비'가 없다. 이럴 때는 샴푸나 린스를 변기에 뿌린 다음, 시간이 지나면 물이 내려간다. 스타트업 기업 '도빗(Dobbit)'의 브랜드 쉐어하우스(sharehows)에서 찾아볼 수 있는 〈꿀팁〉이다. '옷 정리 깔끔하게 하는 법', '차에 붙은 스티커 깔끔하게 제거하는 법', '10분 만에 끝내는 의자 운동법' 등 노하우 콘텐츠를 전문적으로 제작한다. 서비스 이름 'sharehows'는 노하우를 공유한다는 의미다.

다른 모바일 콘텐츠가 '타깃을 좁혀 취향 저격'을 한다면, 쉐어하우스는 누구에게나 유용한 꿀팁 콘텐츠를 선보이고 널리 퍼뜨리는 전략을 쓴다. 기업과도 적극적으로 협업하는데, '광고 같지 않은 광고'로 독자가 불편하지 않은 '브랜디드 콘텐츠'를 만든다. 도빗의 배윤식 대표와 김종대 이사를 만났다.

"PR 회사에서 일하면서 가면 갈수록 콘텐츠의 중요성이 부각되는 것을 목격했다." 배 대표의 말이다. 기존에는 기업이 보도자료를 만들고 기획 기사를 의뢰하면 되었지만, SNS 채널을 열고 블로그를 하는 등 직접 콘텐츠를 유통하기 시작했다. 그런데 인터넷에는 신뢰할 수 없는 정보가 넘쳐나 기업과 이용자 모두 만족하기 어려웠다. 배 대표가 2013년 "검증된, 신뢰할 수 있는 정보로 콘텐츠를 만들겠다"면서 스타트업 기업 '도빗'을 만들고 노하우 콘텐츠 서비스 '쉐어하우스'를 론칭한 배경이다.

배 대표는 "처음부터 동영상을 만들었던 것은 아니다. 블로그형 콘텐츠로 시작했다"고 밝혔다. '김 빠진 콜라 맛있게 먹는 방법'을 '사진→방법→사진→방법' 식으로 구성했다. 2014년부터 본격적으로 페이스북을 중심으로 '꿀팁 영상'을 제작하면서 동영상을 주로 만들기 시작했다. 현재 '쉐어하우스' 페이스북 페이지 구독자만 166만 명에 달한다.

"쇼핑몰에서 흰색 면티가 가장 잘 팔린다." 왜 '노하우 콘텐츠'를 선택했냐는 질문에 김 이사는 쉐어하우스의 콘텐츠를 흰색 면티에 비유했다. 배 대표가 거들었다. "우리가 추구하는 건 소소한 콘텐츠. 세상에는 다양한 사람이 존재한다. 누구나 좋아할 만한 콘텐츠를 제너럴

하게 만드는 것이 많은 독자를 확보하는 전략이다."

노하우 콘텐츠는 전문성이 필요할 때가 많다. 쉐어하우스는 '하우스메이트'를 통해 전문가가 직접 참여하는 방식으로도 콘텐츠를 제작한다. 배 대표는 "쉐어하우스에서 함께 살기 때문에 하우스메이트라는 이름을 붙였다"면서 "쉽게 이야기하면 객원 필진"이라고 설명했다. 의사, 세무사, 공예가 등 다양한 직종의 인사들이 참여한다. 관광 커뮤니케이터 윤지민 씨와 함께 서울 관광 영상을 제작하는 식이다. 최근 '하우스메이트'인 요가 강사 '마인드바디소울'은 KBS 예능 프로그램 〈슈퍼맨이 돌아왔다〉에 출연하기도 했다.

노하우 콘텐츠의 장점은 해외 진입 장벽이 높지 않다는 점이다. 기존 콘텐츠에 간단한 자막만 넣어도 자동으로 글로벌 콘텐츠가 된다.

PR 회사에서 일하다 직접 콘텐츠 유통에 뛰어든 쉐어하우스 배윤식 대표.

쉐어하우스는 영미권, 스페인어권, 중화권으로 콘텐츠를 내보내는데, 글로벌 구독자 수를 합치면 240만 명에 달한다. 김 이사는 "드라마는 진입 장벽이 높지만, 노하우 콘텐츠는 장벽이 굉장히 낮고 그 덕에 파급력이 크다"고 설명했다.

'브랜디드 콘텐츠'는 '광고' 아닌 '콘텐츠'

어떻게 돈을 벌까. 쉐어하우스는 기업이 광고비를 집행해 제작하는 콘텐츠인 '브랜디드 콘텐츠'에 특화되어 있다.

그러나 광고를 콘텐츠로 만드는 것은 이용자를 '기만'하는 일일 수 있다. 배 대표는 "우리는 그런 방식으로 콘텐츠를 만들지 않는다. '브랜디드 콘텐츠'에서 가장 중요한 것은 '콘텐츠'다. '광고'와 달라야 한다"면서 "제품의 특성을 직접적으로 광고하지 않는다. 노하우를 전달하는 방식으로 유익한 정보에 녹여낸다"고 강조했다.

"'간접 경험'과 비슷하다. '당신 베네치아에 가보세요'라고 하지 않더라도 영화에서 베네치아가 나오면 그곳에 가고 싶어 하는 심리와 같다. 텔레비전 광고처럼 '이 제품을 통해 당신의 삶이 바뀐다'는 과장된 문구를 쓰지 않는다. 대신 노하우와 관련된 이야기를 중심으로 '이 제품을 어떤 방식으로 이용할 수 있다'는 식의 이야깃거리를 만든다."

실제 쉐어하우스의 '브랜디드 콘텐츠'는 '간접광고'에 가깝다. 최근에는 프링글스에서 의뢰한 브랜디드 콘텐츠가 인기를 끌었는데, 과자의 맛을 언급하지 않는다. 대신 프링글스 통을 어떻게 재활용할 수 있는지 '노하우'를 보여준다. SC제일은행은 사람들의 목소리를 기부받아 시각장애인을 위한 음성 책 읽기 서비스를 하는 '착한 도서관 프로젝트'를 진행했다. 쉐어하우스는 '좋은 목소리를 내는 방법' 콘텐츠를 통해 목소리 관리 팁을 주는 방식으로 콘텐츠를 만들었다.

이외에도 "채소는 채를 썰어 냉장고에 보관해야 한다" 등 '음식을 신선하게 보관하는 방법 네 가지'는 '지퍼락'의 '브랜디드 콘텐츠'다. 노하우를 알려주며 자연스럽게 지퍼락을 노출하는 방식이다. '그라펜' 왁스 상품의 '브랜디드 콘텐츠'는 해당 제품을 홍보하지 않고, 헤어스타일별로 적절한 왁스 스타일을 알려주는 방식이다.

지방자치단체와도 협업한다. 서울시의 공공정보 중 유익한 것을 따로 모아 리스티클[Listicle, 목록(List)과 기사(Article)의 합성어로, 가짓수로 소개하는 기사]을 하는 '해시파이브' 콘텐츠가 대표적이다. 배 대표는 "공공정보는 딱딱하다. 보도자료만 내면 재미가 없다. 실제 사

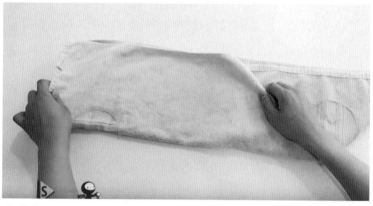

〈욕실꿀팁〉 시리즈는 기업의 캠페인과 꿀팁을 연계한 브랜디드 콘텐츠다. 이 콘텐츠는 1억 2,000만 뷰, 공유 300만 건을 기록해 '대박'을 터뜨렸다.

례를 보여주고 친근하고 재미있게 다가가면 더욱 좋은 반응을 이끌어 낼 수 있다"고 말했다. '서울 시내에서 방학 알차게 보내는 꿀팁 5가지', '우리 가족 힘이 되는 의료건강 서비스 5가지'가 대표적이다.

기업 입장에서는 콘텐츠를 은은하게 노출하는 것보다 직접적인 노출을 원하지 않을까. 배 대표는 "기업이 요구하는 광고와 이용자가 원하는 콘텐츠의 접점을 찾는 것이 중요하다"고 말했다. 김 이사는 "초기에는 광고처럼 노출해 달라는 요구 조건이 많았다. 그때는 타협하기도 했는데, 요즘은 은은하게 드러나는 것이 더 파급력이 크다는 성과가 분명히 있다. 그래서 광고주에게 선택하라고 한다. 최근에는 저항이 줄어드는 분위기"라고 말했다.

이처럼 광고주를 설득하게 된 전환점이 된 것이 기업의 캠페인과 꿀팁을 연계한 〈욕실꿀팁〉 시리즈다. 당시 SK텔레콤이 '생활 플랫폼' 캠페인을 벌였기 때문에 쉐어하우스는 '당신의 생활을 바꿔주는 팁' 시리즈를 제작했다. 〈욕실꿀팁〉 콘텐츠는 1억 2,000만 뷰, 공유 300만 건을 기록해 '대박'을 터뜨렸다. 배 대표는 "콘텐츠를 보면 SK 로고가 나오는 데도 네이버, 다음 등 포털사이트에 콘텐츠로 노출되었다. 광고지만 콘텐츠로서 인정을 받은 것"이라고 말했다.

"물길을 뚫어야 콘텐츠가 흐른다"

어디 붙여놔도 어색하지 않은 쉐어하우스의 '제너럴'한 콘텐츠는 '분산 플랫폼 전략'을 통해 효과가 극대화된다. 콘텐츠를 자사 플랫폼에만 가두지 않고, 수십여 개에 달하는 제휴 플랫폼을 통해 내보낸다. 언론사 페이스북에도 쉐어하우스 콘텐츠가 있다. 김종대 이사는 "우리는 분산 미디어 전략을 가장 빠르게 정착시켰다"고 자부했다.

포털사이트나 페이스북, 유튜브에만 국한되지 않는다. 『중앙일보』, 『한국일보』 등 언론사와는 콘텐츠 공유 및 공동제작 협약을 맺었다. 배 대표는 "우리가 『한국일보』의 기사를 인용해서 영상을 만들 수 있고, 『한국일보』도 우리 영상을 소스로 활용할 수 있는 윈윈포인트가 있기 때문에 상생이 가능하다"고 말했다. G버스TV, 서울도시철도 등 오프라인에도 콘텐츠를 내보낸다.

김 이사는 "콘텐츠는 물고기와 같다. 물길만 만들어주면 어디든 갈 수 있다"고 강조했다. "우리는 콘텐츠가 자극적이거나 특정 타깃에 편향되어 있지 않고, 시의성을 타지 않는 유용한 에버그린 콘텐츠이기 때문에 물길을 쉽게 넓힐 수 있다. 포맷도 영상을 하나 올리면 '텍스트+이미지' 형태로도 제작해 올리니 어떤 종류의 플랫폼이든 유통할 준비가 되어 있다."

자몽의
'공간 중심 틈새' 전략

미디어자몽 김건우 대표

"아, 여기 못 가는데. '@김건우'님이 정리해주실 거야."

업계 이슈가 있거나 행사가 열리면 페이스북에 이런 글이 뜨곤 한다. MCN 업계에서 이 사람을 모르면 간첩 취급을 받을지도 모른다. 김건우 미디어자몽 대표는 국내 유일의 MCN 전문지 대표이자 '1인 미디어 비즈니스'를 하는 전천후 사업가다.

교육 및 컨설팅, 언론, 공간 대여 등 다양한 사업을 하는 미디어자몽의 '자몽'은 '스스로 자(自), 꿈꿀 몽(夢)'이라는 의미다. 김건우 대표는 "우리 스스로 미디어가 된다는 의미이자 콘텐츠를 스스로 만들 수 있도록 도와주는 컨설팅을 강조하는 개념"이라고 설명했다.

미디어자몽은 MCN 기업이면서 동시에 MCN 전문지도 갖고 있다. "기존에는 1인 미디어나 MCN 분야 기사를 보려면 IT 매체나 일간지에서 일일이 찾아 읽어야 했다. 한곳에 정보를 모아놓는 언론이 국내에는 없었고, 기존 언론 기사들은 세세한 면까지 짚기 힘들었다." 김 대표가 2015년 10월 MCN 전문지 『미디어자몽』을 창간한 이유다.

전면에 내세우는 뉴스는 '트렌드', '이슈', '리포트'로 업계 현안을 다루고 있다. MCN 관련 행사가 열리거나 주목할 만한 이슈가 있을 때마다, 김건우 대표는 기자로서 취재까지 한다. 단순히 패널 발언 몇 개

몽팟 스튜디오. 스튜디오를 운영하다 보니 콘텐츠가 쌓였고, 이 콘텐츠를 묶을 장소가 필요하다는 판단에 팟캐스트 플랫폼 '몽팟'을 만들었다.

를 엮어서 정리하는 '기사를 위한 기사'에 그치지 않는다. 독자가 현장에 있는 것처럼 세부적으로 정리하고, 내용이 많으면 시리즈로 내기도 한다. 이런 기사가 정평이 나 있다 보니 행사가 있을 때마다 "기사 언제 올라오냐"는 문의가 올 정도다.

김 대표는 "아직은 기자가 저를 포함해 2명이지만 많은 매체의 MCN 분야 기자들을 채용해 언론사로서 역량을 강화할 계획"이라며 "장기적으로는 IT 전문지 『아웃스탠딩』처럼 다양한 시도를 하고 싶다"고 말했다.

미디어자몽은 칼럼니스트도 양성한다. 음악, IT, 영화 등 각 분야에 맞게 『미디어자몽』에 글을 쓰면 된다. 미디어자몽이 스튜디오를 제공해 글을 팟캐스트나 동영상으로 가공하도록 지원한다는 점이 독특하다. 김 대표는 『오마이뉴스』 시민기자 시스템을 예로 들면서 "글이라는 것이 쌓이고 나면 콘텐츠의 좋은 원천 소스가 된다. 우리가 인프라를 갖고 있으니 많은 사람이 혜택을 누릴 수 있도록 도와주고 싶다"고 말했다. 현재 『미디어자몽』의 칼럼니스트는 200명이 넘는다.

PC방처럼 '팟캐스트 녹음방' 만들면?

"PC방, 노래방 다 있는데 왜 인터넷 방송 녹음하는 방은 없을까."
미디어자몽은 '스튜디오 대여' 사업으로 MCN 업계에 첫발을 뗐다. 당시 주변 사람들은 "돈이 안 될 것"이라며 만류했다. 김 대표는 "그때 〈나는 꼼수다〉 열풍이 불었다. 제2의 나꼼수를 만들고 싶어 하는 사람이 많지 않을까? 그런데 녹음실은 팟빵 스튜디오가 전부였다. 공간을 만들면 분명 이용자가 있을 것이라 생각해 밀어붙였다"고 말했다.

2014년 1월 미디어자몽이 마련한 첫 번째 스튜디오인 '몽팟 스튜디오'는 성공적이었다. 7개월 만에 공간 대여료로만 손익분기점을 넘기고 공사비까지 회수했다. 김 대표는 "스튜디오 사업이 개인이 하기에는 생각보다 어렵다. 장비에 대해 알고, 공간 기획력도 있어야 한다"면서 "그렇다고 기업이 뛰어들기에는 작은 시장이다. 이 영역을 파고든 것이 효과가 좋았다"고 설명했다.

미디어자몽은 2016년 스튜디오를 확장 이전해 '자몽 미디어센터'를 설립했다. '팟캐스트' 중심 시장에서 '동영상'으로 축이 옮겨가자 케이블 방송사 부럽지 않은 영상 제작 시스템을 갖춘 스튜디오를 만들었다. 김 대표는 "처음에는 팟캐스트가 뜰 줄 알았는데, 영상 시장이 빠르게 성장했다. 이렇게 변화하는데 우리가 가만히 있으면 도태될 것 같았다"고 밝혔다. 그가 보여준 인터넷 캘린더에는 매일 3~5건씩 스튜디오 예약이 꽉 차 있다.

이 같은 운영 경험 덕에 2017년 3월부터 2년 동안 서울산업진흥원이 운영하는 상암동 디지털미디어시티 '1인 미디어 체험관 공간 운영사'로 선정되기도 했다. 최근에는 CGV와 제휴해 용산 CGV 시설 내에 미디어자몽 스튜디오를 마련하고 영화 소개 등의 팟캐스트 녹음시설로 활용한다.

미디어자몽이 매우 다양한 사업을 하는 것 같지만, 김 대표는 "모두 공간을 중심에 놓고 비즈니스가 확장된 것"이라고 설명했다. "스튜디오를 운영하다 보니 콘텐츠가 쌓였고, 이 콘텐츠를 묶을 장소가 필요하다는 판단에 팟캐스트 플랫폼 '몽팟'을 만들었다. 플랫폼을 만들고 보니 광고 수주가 필요해 광고 사업도 하게 되는 식이다."

기업에서는 "대신 콘텐츠를 만들어줄 수 있냐"는 문의가 줄을 이었다. 미디어자몽은 이 틈새를 이용해 기업이 가진 콘텐츠를 방송으로 바꾸는 것을 주력 사업으로 내세웠다. '청림출판'의 임신출산육아서를 팟캐스트, 영상 버전으로 만든 〈맘맘맘〉, 방위사업청이 의뢰해 만든 〈무비앤무기〉가 대표적이다.

김 대표는 "기업이 바이럴 영상에 수천만 원을 쏟는데, 그 돈을 절감해 방송을 만들 수 있다"면서 "삼성이 웹 드라마를 만들고, YG나 미스틱 같은 엔터테인먼트 회사들이 PD를 영입하고 있다. 다들 콘텐츠를 만들겠다는 것이다. 우리는 우수한 스튜디오를 갖고 있기 때문에

공간을 중심으로 비즈니스를 확장해온 미디어자몽 김건우 대표.

앞으로도 기회를 잡을 수 있다"고 강조했다.

'1인 미디어'로 성공하는 법을 알려드립니다

앞으로는 공간을 기반으로 '교육 사업'에 매진할 계획이다. 김 대표는 "공간을 대여하다 보니 콘텐츠에 관심 있지만, 만들지 못하는 이들이 많았다"면서 "우리가 직접 콘텐츠 제작 방법을 알려주는 사업을 고민했다"고 말한다. 그는 사회교육학을 전공해 석사 학위를 취득하고 교생 실습 경험이 있어 교육에 자신이 있기도 했다.

현재는 일반인을 대상으로 '1인 미디어 크리에이터 아카데미'를 준비하고 있다. 영상 제작 교육은 지금도 많은데, 과연 미디어자몽의 교육은 무엇이 다를까. 김 대표는 "편집은 어떻게 하고, 장비는 어떻게 쓰는지 알려주는 등 기술적 교육은 이미 많다"고 전한다. "그런데 자신의 콘텐츠를 어떻게 활용할 것인지, 잠재적인 가치를 끄집어내는 강좌는 없다"고 지적했다. 그의 강의에서 미디어 트렌드, 포맷 개발 방법, 수익 창출 등이 주력인 이유다.

김 대표는 "단순히 콘텐츠 제작으로 끝나지 않고, 사업 기회나 경제적 이윤 추구의 발판을 마련하는 것이 중요하다"고 말했다. 2016년 김 대표는 광주정보문화산업진흥원, 전파진흥원의 지원을 받아 교육을 한 적 있다. 이때 한 수강생은 취미로 '책'에 대한 콘텐츠를 제작하고 싶어 했는데, 비즈니스에 대한 교육까지 받자 책을 큐레이션하고 배송해주는 사업 아이디어를 냈다. 그는 스타트업 경진대회에서 입상해 현재 본격적으로 사업을 준비하고 있다.

최근 미디어자몽은 다이아TV나 트레져헌터처럼 크리에이터를 매니지먼트하는 사업도 시작했다. 그런데 계약을 맺은 이들이 영상을 만드는 방법을 모른다는 점이 이색적이다. 그가 계약을 맺은 것은 크리에이터가 아니라 초코슈슈, 베르단디를 비롯한 푸드계의 파워블로거 10명이다.

김 대표는 "교육, 컨설팅을 통해 이들을 크리에이터로 전환하는 것이 목적"이라며 "서로 윈윈하는 방법"이라고 소개했다. 파워블로거들은 열심히 포스팅하고 영향력이 있지만, 영상을 제작하는 방법을 잘 모른다. 미디어자몽은 유명 크리에이터들과 계약하는 규모가 큰 기업과 경쟁하기보다는 신인을 발굴하고 컨설팅하는 데 주력한다.

'1인 미디어'가 화제가 되면서 크리에이터를 꿈꾸는 사람들이 많다. 김 대표는 그들에게 "핵심은 지속 가능성과 분명한 목표와 목적"이라고 강조했다. "대도서관 등 일부 크리에이터가 돈을 많이 벌고, 이게 트렌드라고 하니까 맹목적으로 좇아서 만들 때가 많다. 그렇게 시작하면 의미도 찾을 수 없고 버티기도 힘들다. 내가 잘 만들 수 있는 콘텐츠를 알아야 하고, 나에게 도움이 되는 콘텐츠를 제작해야 한다. 그래야 스스로 동기 부여가 된다."

제4장 전략가들

분야 확장이
곧 수익 모델 확대다

사단법인 MCN협회 유진희 사무국장

MCN 업체들이 '공동 대응'하기 시작했다. 세미나를 열어 함께 수익성을 고민하고 규제 법안 추진에 반발하는 등 적극적인 행보를 보인다. 여기에는 2016년 3월 설립된 MCN협회의 역할이 컸다. 회원사만 70여 곳에 달하는 MCN협회에서 유진희 사무국장은 실무를 맡고 있다.

"궁극적 지향은 오리지널 콘텐츠"

유 사무국장은 "2016년 예상보다 MCN 자체에 대한 인식이 확산

되지는 않았지만, 광의의 의미로서 디지털 동영상 콘텐츠 시장은 커졌다"고 평가했다. 크리에이터 중심의 다중 채널 네트워크에 대해 여전히 많은 이들이 알지 못하지만, 넓은 의미의 MCN인 모바일 콘텐츠에 대한 인식은 높아졌다고 한다. "2016년 3월만 해도 협회에 들어오라고 하면 '우리는 MCN 업체가 아닌데'라고 하는 사업자들도 있었지만 지금은 그렇지 않다"고 한다.

수익 모델은 '오리지널 콘텐츠'와 '커머스'로 나뉜다. 미국 시장은 '오리지널 콘텐츠' 중심이고, 중국 시장은 '커머스' 중심으로 발전하고 있다. 한국 시장은 어느 쪽에 방점을 찍어야 할까. 유 사무국장은 "오리지널 콘텐츠는 사업자들이 직접 콘텐츠를 만들고, 콘텐츠로 돈을 버는 모두가 이상적으로 꿈꾸었던 비즈니스 모델로 궁극적인 지향점"이

사단법인 MCN협회 유진희 사무국장.

라며 "오리지널 콘텐츠를 제작하기 위한 수익 구조 확보 차원에서 커머스를 시도하는 사업자들이 적지 않다"고 말했다.

다만 최근에는 '커머스'가 황금알을 낳는 오리처럼 인식되면서, '커머스 차원'에서만 접근하며 시장에 진입하는 사업자들도 나타나고 있다. 그러다 보니 상거래가 수단이 아닌 목적이 되어버렸다. 유 사무국장은 "두 가지 접근 모두 존중한다. 그러나 조급한 마음에 '돈을 벌어야 하니까' 커머스에 '올인'해야 한다는 분위기가 지나치게 확산되는데는 약간의 두려움이 있다"고 말했다. 산업 자체의 규모가 커지지 않은 상황에서 콘텐츠가 아닌 상거래에 집중하는 커머스 열풍은 오히려 '독'이 될 수 있기 때문이다.

"분야 확장이 곧 수익 모델의 확대"

유 사무국장은 "분야의 확장을 통해 수익 모델을 확대할 수 있다"고 강조했다. "대표적인 게 '애완' 분야다. 오락용 콘텐츠이면서 애견용품 등 커머스적 요소도 갖추었다. 인테리어, 리빙, DIY(소비자가 직접 만드는 상품) 같은 분야도 콘텐츠와 커머스 연계가 가능한 영역이다. 분야가 확장되면 타깃의 범위가 늘어난다. 그러면 여기에 붙일 수 있는 광고와 커머스의 종류도 늘어나 수익성이 보장된다."

그는 이어 "전체 산업의 규모를 이끄는 것은 중국이지만, 문을 열어주는 역할은 앞으로도 한국 사업자들이 할 수 있다"고 밝혔다. 분야를 넓히는 것은 국내뿐 아니라 해외에도 유효한 전략이다. 한국의 '뷰티' 콘텐츠가 중국에 영향을 미쳐 왕홍(網紅, 인터넷 스타)의 주력 콘텐츠가 된 것이 대표적이다. 유 사무국장은 "애완과 리빙 등을 우리가 주도할 수 있다. 중국에서도 어느 정도 성장한 헬스 · 바이오 분야는 더 성장할 수 있게 영향을 줄 수도 있다"고 덧붙였다.

분야 확장에 보탬이 되는 '의외'의 교류도 시작되었다. 2016년 10월 MCN협회는 케이블TV방송협회와 양해각서를 체결해 PP(방송채널사용사업자, 케이블채널)의 자체 제작 콘텐츠 소스를 이용하고, 이를 통해 제작되는 2차 창작물에 대해 MCN과 케이블이 저작권을 공동 소유하기로 했다. MCN과 레거시미디어가 서로의 부족한 점을 채워준 것이다.

"MCN 사업자 입장에서는 콘텐츠 아카이브가 없었고, 저작권을 얻는 것이 어려웠다. 이 때문에 MCN 분야가 한정된 측면이 있다. 예컨대 PP의 소스를 받게 되면, 사극 콘텐츠를 2차 창작해서 또 다른 예능 콘텐츠를 만들 수도 있다. 이런 식으로 MCN이 그동안 접근하지 못했던 분야로 확장하면 여기에 맞는 비즈니스가 열릴 수 있다."

텔레비전으로 들어간 MCN, 역행일까 확장일까?

2016년 MCN 시장에서는 모바일 콘텐츠가 역으로 텔레비전에 진입하는 경향이 나타났다. '도티&잠뜰TV'가 애니맥스 채널에 방영되어 인기를 끌었고, SBS 모비딕의 〈숏터뷰〉, 〈경리단길 홍사장〉도 심야 시간대에 방영 중이다. CJ E&M의 MCN 전용 채널인 다이아TV도 나왔다. 이를 플랫폼의 확장으로 바라보는 관점이 있는 반면 MCN이 스스로 차별성을 무너뜨린다는 지적도 있다.

"한때 그런 고민을 했다. 결론은 플랫폼이 모바일인지, 텔레비전인지는 그렇게 중요하지 않다는 점이다. 좋은 콘텐츠는 시청자의 변화를 살펴야 하고, 어느 플랫폼에서든 유효하다. 시청자들이 빠르게 변하는데, 텔레비전은 규모가 크다 보니 유연성이 떨어진다. 이 와중에 10대의 특성에 맞는 콘텐츠를 MCN이 만들면서 트렌드를 바꾸었기에 텔레비전에서도 이 변화를 받아들인다는 측면에서 봐야 한다."

역설적이지만 텔레비전에 MCN 콘텐츠가 진입하는 것이 MCN에 대한 인식을 제고하는 데도 보탬이 된다. "규모가 큰 드라마를 '영화같다'고 말한다. 여기에는 영화가 드라마보다 우위라는 인식이 전제된다. 모바일도 마찬가지다. 여전히 텔레비전 콘텐츠보다 못하다는 인식이 있다. 이것을 당장 깰 수 없는 상황이지만, 텔레비전에 진입해 '텔레비전 콘텐츠 같네'라며 조금씩 인식을 바꾸는 것이 중요하다."

"꽉 막힌 중국 시장, '노하우 전수' 방식으로 진입"

해외 시장은 어떨까? 국가마다 상황이 다르기 때문에 접근법도 달라야 한다. 유 사무국장은 "중국은 한류 콘텐츠 규제 문제 때문에 많이들 힘들어한다"면서 "변수가 많아 어떻게 될지 확신할 수 없지만, 앞으로도 콘텐츠 자체를 수출하거나 공동 제작을 하기란 쉽지 않을 것"이라고 전망했다. 그는 "대신 패션·뷰티 분야 MCN 업체인 레페리는 크리에이터 육성 노하우를 전수하는 식으로 협업하고 있다. 당분간은 이런 전략이 유효하다"고 말했다.

한류 콘텐츠가 인기 많은 동남아시아 시장은 중국처럼 외교적 문제는 없지만, 시장 자체가 크지 않다. "한류에 대한 인식이 좋다는 점은 장점이다. 다만 모바일 시장의 규모가 아직 커지지 않았기 때문에 시간이 좀 필요한 상황"이라고 한다. "동남아시아는 중국과 달리 정부 차원에서 규제할 가능성이 낮고, 단일 국가도 아니기 때문에 정책의 영향을 크게 받지도 않는다. 이런 상황에서는 현지에 직접 투자하고, 우리 콘텐츠를 수출하거나 합작하는 방식이 유효할 것"이라고 덧붙였다.

"MCN 규제? 표현의 자유 문제뿐 아니라 역차별"

MCN이라는 새로운 산업이 커지면서 '규제 사각지대'라는 인식도 이어졌다. 이은권 새누리당 의원이 MCN을 규제할 수 있는 법안을 발의한 것이 대표적이다. 국내 MCN 플랫폼 사업자가 음란물을 거르지 못하면 처벌하는 내용이다. MCN협회는 '반대' 의견서를 냈다.

유 사무국장은 "국회에 협회 이사들과 함께 방문해 '부당하다. 국내 사업자를 위한 법을 더 고민해야 한다'고 말했다"면서 "표현의 자유 문제도 있지만, 음란물 유통의 다수가 해외 플랫폼을 통해 이루어지는 상황에서 국내 사업자만 잡는 것은 역차별"이라고 지적했다.

첩첩산중이다. 방송통신위원회가 방송의 개념을 인터넷 방송까지 확장하는 제도 개선을 추진하고 있어 앞으로도 산업을 둘러싼 '규제'

이슈가 제기될 가능성이 크다. 유 사무국장은 "최근에는 안철수 의원이 '영화법 개정안'을 냈는데 영화의 정의를 '모든 영상 콘텐츠'라고 명시해 논란이 좀 되었다"면서 "의도한 것은 아니겠지만, 이런 식으로 우리 시장과 연계하는 법안이 많아지고 있어 주시하고 있다"고 밝혔다.

MCN협회는 2017년 협회 소속사 실태조사, 세부 분야별 분과 설립 등을 추진할 계획이고 교육 사업도 확대한다. "지금은 우리가 일상에서 커피를 마시는 모습만 찍어도 문화가 되고 소비하는 이들이 생기고, 산업까지 될 수 있는 시대다. 새로운 흐름에서 MCN 업체를 창업하거나 MCN 업체에 입사하려는 이들이 어떤 '스펙'을 쌓아야 하는지, 어떤 도전을 해야 하는지 잘 모르더라. 협회 차원에서 다른 기관과 연계해 지원할 생각이다."

"이미 멀티 커머스
네트워크다"

아샤그룹 이은영 대표

2016년에 출간된 『MCN 백만 공유 콘텐츠의 비밀』은 국내 최초로 MCN 시장과 산업을 다룬 책이다. 저자 이은영 씨는 최근 미디어 커머스 기업 아샤그룹을 창업했다. 그는 이전부터 미디어 커머스를 시장의 주요 축으로 강조해왔다. 인터뷰 당시 그는 SMC TV 부사장이었으며 〈뉴스 읽어주는 여자〉를 진행하는 크리에이터였다. 그를 만나 시장 전반에 대한 견해를 물었다.

Q 이력이 독특하다. 언론사에서 일했고, '딩고'라는 브랜드로 유명한 메이크어스에서도 일했다. 이런 경험들이 책을 쓰는 데 도움이 되었나?

"다양한 일을 했다. MBC 시사제작국에서 일했고 이후 증권사에서 7년 동안 근무했다. 그다음 IT 기업을 만들어 운영하다 '딩고'를 론칭한 메이크어스에서 홍보 업무를 맡았다. 언론사와 증권사 등을 거치다 보니 IT · 경제 분야 뉴스 진행에 도움이 되었다. 특히 메이크어스에서 일하면서 데이터에 기반한 콘텐츠 제작에 대한 공부를 많이 했다. 메이크어스는 콘텐츠가 바이럴을 타는 공식을 내부적으로 정리하고 있다. 〈일반인들의 소름돋는 라이브〉에서 재생 수가 많은 분야, 여고생들이 출연할 경우 사복보다 교복이 반응이 좋다는 점 등을 일일이 기록해 관리하고 있다."

Q 책은 MCN의 현황과 쟁점을 잘 정리한 교과서나 가이드북 같은 느낌이다.

"최근 MCN이 뜨지만, 그것에 대한 책은 하나도 없었다. 누군가가 처음 이 산업에 대해 공부할 때 기사만 엄청 뒤지다가 지치는 것보다 책 한 권을 통해 틀을 잡을 수 있으면 좋겠다고 생각했다. 그래서 MCN 산업이 왜 생겼으며, 어떻게 비즈니스가 되는지 정리했다. 한눈에 모든 것을 볼 수 있는 입문서를 만들고자 했다."

Q 저자와 만남을 여러 차례 진행했는데, 어떤 사람이 책을 찾는지 궁금하다. MCN 분야 사람들한테는 이미 다 아는 내용이기 때문에 굳이 읽을 필요가 있을까 싶기도 하다.

"오히려 MCN 분야 관련자가 많이 찾았다. 이 분야에서 일해도 잘 모르는 사람이 많다. 홍보 파트는 홍보 분야만 알고, 영업 파트는 영업 분야만 안다. 스페셜리스트이지만 제너럴리스트는 아니기 때문에 좀

더 폭넓게 시장을 알기 위해 책을 읽는 분들이 많았다. 기업에서도 찾았다. 대기업은 광고 홍보 마케팅을 활용하는 사람들이 '어떻게 MCN을 통해 돈을 벌 수 있을까'에 집중했다. 스타트업 쪽에서는 비즈니스 성장에 관심이 있었다."

Q 해외의 유명 크리에이터, MCN 회사 등을 한눈에 볼 수 있도록 정리한 것이 인상적이다.

"자료 수집에 애를 먹었다. 일일이 사이트에 들어가서 회사 소개부터 비즈니스 구조 등을 알기 위해 홈페이지를 뒤졌다. 투자 관련 정보도 일일이 찾아서 읽어야 했다. 관련 자료만 엄청나 처음에는 A4 원고 140페이지를 넘겼는데, 이렇게 분량이 많으면 사람들이 지겨워서 안 읽는다고 해서 양을 절반으로 줄였다. 일본 MCN은 일본에서 직접 관련 분야를 취재하는 기자들을 인터뷰했다. 밥을 사면서 취재 파일을 받고 이를 통해 공부했다."

Q MCN이 뜬다는 것은 알겠는데, 광고 수익도 많지 않고 이용료도 받기 힘들다 보니 여전히 수익성에 한계가 있다는 지적이 나온다.

"2015년 말부터 2016년 초까지는 수익 모델을 찾기 위해 고전했다. 최근에는 미디어 커머스(방송과 쇼핑이 결합한 전자상거래 방식)라는 방향을 찾았다. 대외 홍보를 적극적으로 하지 않아 잘 알려지지 않았지만 알짜배기 회사가 많다. 초창기 네이티브 광고나 인플루언서 마케팅(영향력 있는 크리에이터를 중심으로 한 마케팅)만 하는 것으로는 수익에 한계가 있었는데, 커머스와 연계하면서 두각을 나타냈다. MCN이 처음에는 '다중 채널 네트워크'라는 정의처럼 채널에 크리에이터가 녹아들어갔다면, 그다음으로는 콘텐츠 중심의 '멀티 콘텐츠 네트워크'로 진화했다. 이제는 수익성까지 갖춘 '멀티 커머스 네트워크'로 진화하는 중이다."

Q 구체적인 사례가 있나?

"페이스북을 통해 블랙몬스터 제품 영상을 봤을 것이다. 남대광 블랭크TV 대표가 블랙몬스터(다운펌 제품) 커머스를 통해 론칭 후 두 달 동안 14억 원을 벌었다. 메이크어스는 젠틀피버(다운펌 제품), 닥터덴티(치아미백 제품) 관련 콘텐츠를 만들어 돈을 번다. 이런 식으로 콘텐츠를 잘 만드는 이들이 타깃팅을 통해 바이럴을 일으킨다. 인스타그램도 패션 쪽 MCN인 서울스토어의 커머스 연계가 대표적이다."

미디어 커머스를 시장의 주요 축으로 강조해온 아샤그룹 이은영 대표.

"외국 플랫폼이 진출할 때마다 시장을 삼킬 것처럼 이야기하지만, 그들에게 한국은 꼭 삼켜야 할 시장이 아니라 아시아에 진출할 때 포함되는 여러 시장 중 하나일 뿐이다. 플랫폼 역시 맞는 콘텐츠가 있는가 하면 아닌 것도 있다. 트위치TV는 게임에 특화된 글로벌 서비스다. 메이크업하거나 먹방을 하는 카테고리로는 진입하기 어렵다. 똑같은 게임 방송이라고 해도 아프리카TV는 중계를 보는 거고, 트위치는 게임 공략을 위해서 본다. 게임을 정말 잘하는 것을 보고 싶다면 트위치TV가, 만담으로 풀어내는 걸 보고 싶다면 아프리카TV가 적절하다. 크리에이터 입장에서는 플랫폼이 많아질수록 선택권이 늘어난다는 점에서 접근해야 한다. 나에게 가장 잘 맞는 것을 선택하면 된다. 게다가 트위치TV는 공략만 보여주면 되니 언어적 제약이 거의 없다."

"줄여서 뉴리걸이라고 부른다. '뉴읽녀'라고 하니까 새로운 잉여인간 같아 보여서 뉴리걸이라고 줄였다. 처음에는 페이스북을 통해 텍스트 버전으로 시작했다. 이슈가 되는 IT 뉴스를 쉽게 풀어주고 자신의 견해를 넣는 식이다. 호응이 좋았다. 점점 더 많은 사람이 구독하기 시작했다. 그러다 동영상으로 만들면 어떻겠냐는 의견이 많았고, 이에

232

걸맞은 전문가를 물색한 끝에 IT 전문 기자를 섭외해 함께 시작했다. 지금은 〈뉴스 읽어주는 여자 IT편〉과 매경이코노미 취재팀과 함께 제작하는 〈뉴스 읽어주는 여자 경제 편〉을 하고 있다."

Q IT 경제 분야를 하는 이유가 있나?

"아무래도 증권사에서 일했고, 이후에 IT 쪽 회사를 운영한 경험이 있다 보니 가장 익숙한 분야다. MCN과 뉴미디어 쪽도 IT 분야를 커버하는 기자들이 많다 보니 IT 먼저 접근하면 좋겠다고 생각했다. 거기에다 기자들이 각자의 소신과 인사이트가 있지만, 기사에 못 쓰는 내용이 분명히 있었다. 취재 뒷이야기나 본인의 생각에 대해서 좀더 풀면 좋겠다는 것이 기획의도다. 지금은 토크 스타일이지만 한 단계 나아가서 편집 등에서 뉴미디어의 특성을 결합하는 발전된 방향을 고민 중이다."

Q 전통 뉴스 사업자들도 한창 뉴미디어 시장에 뛰어드는데, 한마디 조언한다면?

"전통 미디어와 뉴미디어는 크게 다르지 않다. 통신 기술 발달로 인해 자연스럽게 콘텐츠를 볼 수 있는 디바이스가 바뀌었을 뿐이지 기본적인 속성은 같다. 전통 미디어는 오랫동안 콘텐츠를 생산해왔다는 점에서 승산이 있다. 다만 새로운 미디어 환경에 응용할 수 있도록 공부한 다음에 천천히 들어와도 된다. 당장 뉴미디어를 시작하지 않으면 망한다는 사고는 오히려 조급증을 일으킬 수 있다. 무리하게 들어와야 겠다고 생각할 필요는 없다."

Q 2권을 준비한다고 들었다. 자료를 모으는 과정에서 해외에 주목할 만한 콘텐츠가 있었나?

"키덜트 산업이 성장하는 상황에 주목해야 한다. 대만에서는 '피규어 스톱모션 크리에이터'들이 있다. 피규어를 갖고 한 컷 한 컷 움직이면서 찍는 방식으로 애니메이션을 만든다. 사람들이 피규어를 구입할 때는 밀봉되어 있기 때문에 관절이 어떻게 움직이는지 알지 못한다. 콘텐츠를 통해 피규어의 움직임을 보여주면서 자연스럽게 커머스와 연계된다. 우리나라의 MCN 분야가 한정적이기 때문에 해외의 독특한 크리에이터들을 소개해주면 2권이 좀더 풍성해질 것이라고 본다."

Q 당장 커머스가 있다고는 하지만, 이 시장이 지속 가능할지에 대해서는 의문이 있다.

"'MCN이 잘될 것이다, 잘 안 될 것이다'에 대해서는 의견이 분분하다. 그러나 이 산업이 국내에 알려진 지 얼마 안 되었다. 고작 2~3년차다. 신생 산업이니까 좀더 기다리면서 산업이 어떻게 커가는지 지켜봐주면 좋겠다. 스타트업은 비즈니스 모델을 찾아가는 시행착오를 겪을 수밖에 없다. MCN의 경우 브랜디드 콘텐츠, 인플루언서 마케팅에 이어 커머스까지 왔다. 계속 수익 구조가 추가된 것을 보면 분명 전망은 있다. 게다가 해외에는 뷰티 크리에이터가 SF 영화 주인공까지 하는데, 우리는 아직 그 정도까지는 아니다. 아직 가야 할 단계가 남아 있다는 의미다."

사드로 얼어붙은 중국 시장, 다시 기회가 온다

『비즈니스워치』 김동훈 기자

　"'중국 시장에 주목해야 한다'고는 하는데, 현지를 다녀와서 쓴 기사는 안 보였다. '왕훙' 시장이 8~9조 규모라고 하는데, 그들이 각각 '어떻게' 1억씩, 2억씩 버는지 알기 힘들었다. 한 전문가는 행사에서 중국 트렌드를 말했는데, 1년 전 이야기였다. 현장은 시시각각 변하는데, 이것은 좀 아니다 싶었다."

　김동훈 『비즈니스워치』 기자가 중국의 MCN 시장을 취재하기로 결심한 이유다. 석 달 동안 취재해 다음 스토리펀딩 '중국 MCN 커머스 전략보고서'를 연재했다.

　그는 2010년 기자 생활을 시작했다. IT 분야를 취재하면서 메신저 앱 시장을 지켜보며 '태동기 산업' 성장에 주목해왔다. 초창기에 관심을 두고 보도한 서비스가 성공하면 성취감이 느껴진다고 했다. 최근 관심을 두고 주목한 분야가 MCN이다.

시시각각 변하는 최신 중국 동향을 전한다

중국은 라이브가 활성화되어 있고, 동영상을 통해 상품 판매를 연동하는 '커머스' 중심으로 발전하고 있다. 한국과 유사하지만 '규모'에서는 큰 차이가 있다. '알리바바'의 쇼핑 플랫폼 '타오바오'에서 광군제(미국의 블랙프라이데이와 같은 쇼핑 시즌) 때 '왕홍'인 파피장의 방송에 150만 명의 시청자가 몰렸다. 이날 매출만 1,700억 원에 달한다. 중국은 한국의 아프리카TV와 같은 플랫폼이 300개가 넘는다.

중국 동영상 라이브 플랫폼.

『비즈니스워치』 김동훈 기자.

"중국은 인구가 워낙 많다. 아프리카TV 상위권 진행자의 동시 접속자가 5,000명가량인데, 중국은 속칭 '어중이떠중이'들도 이 정도 규모가 된다. 독자도 많고 플랫폼 경쟁도 치열하니 플랫폼이 크리에이터에게 '월급'을 주기도 한다."

김 기자는 'HSMCN', '미식남녀', '레페리' 등 중국에 진출한 한국 업체들을 취재했다. 성공한 사업자들의 공통점은 무엇일까. 김 기자는 "사업자마다 전략이 다르고 방향성이 다르지만, 철저한 현지화가 중요하다고 볼 때가 많다"고 말했다.

"〈미식남녀〉라는 음식 방송을 하는 회사는 본사를 중국으로 옮기다시피 했다. 직원 절반이 중국인이다. 한국 기업이 아닌 중국 현지 스타트업처럼 일하며 현지 네트워크를 형성하고, 시시각각 바뀌는 환경에 주목한다. '레페리'는 협업을 통해 현지 사업자 파트너사 확보 작업을 1~2년가량 해야 한다고 강조했다. 이처럼 정성 들여 현지화를 해야 한다. 그럼 한국 대기업의 중국 사업은 왜 잘 안 될까. '올인'하지 않고 '간 보기'를 하다 성과가 안 나면 곧바로 철수하기 때문이라고 생각한다."

한국에는 거의 알려지지 않았지만, 화교인 정홍량 대표가 운영하는 HSMCN은 현지에서 가장 활발하게 활동한다. 중국의 대형 동영상 플랫폼인 '핑크인터랙티브'와 계약을 맺고 30여 명에 달하는 한국 크리에이터들이 춤, 노래, 토크 등의 방송을 진행한다. 동시통역사가 함께 투입되면서 언어의 장벽을 뛰어넘었다. 중국어가 능통한 진행자들은 '타오바오'와 계약을 맺고 커머스 방송을 진행한다.

"독특한 점은 직접 한국의 업체와 계약해 '중국향'으로 포장해 유통한다. 이 제품을 리포터, 쇼호스트 출신 등으로 구성된 HSMCN 소속 크리에이터들이 판매한다. 유통부터 매니지먼트, 판매까지 이 회사가 전담해 수익을 낸다."

크리에이터와 기자의 공통점

그가 취재할 당시 한국 사업자들은 돌연 '사드 한한령'에 가로막혔다. 중국에서는 유튜브나 페이스북이 차단되어 있기 때문에 내수용 서비스에 따로 진출하지 않는 한 콘텐츠를 선보이기 힘든 구조다. "커머스의 경우 온라인 광고 클릭이 구매 전환으로 이어지는 구조인데 한국인이 나오는 배너 광고를 막거나 노출량을 줄여 트래픽이 급감했다. '핑크인터랙티브'에서는 당시 한국인 방송이 모두 없어졌다. 어떤 크리에이터는 방송을 했는데 정산을 받지 못했다고도 한다."

최근 분위기는 어떨까. "한한령이 공개적으로 일사불란하게 이루어진 것이 아니라 슬그머니 제재가 있었다. 같은 방식으로 다시 슬그머니 비즈니스가 이어지는 상황"이라고 김 기자는 설명했다. "사실 한한령 당시 중국 사업자들도 '언젠가 재개할 테니 기다려 달라'는 신호를 계속 보내면서 연락을 이어갔다고 한다."

그는 한한령이 다소 과장된 측면도 있다고 본다. "분명 피해는 있었다. 그러나 폭발적 성장을 하다가 주춤했던 정도지 완전히 무너졌던 것은 아니다. 특히 중국의 젊은 세대는 정치적 문제에 민감하게 반응하지 않는다. 우리가 청소년일 때 일본의 만화나 게임을 좋아하는

데 일본과 외교 마찰이 생겼다고 갑자기 중단하지 않았던 것처럼 말이다."

김 기자는 펀딩을 마치고 오프라인 '토크 파티'를 직접 열기도 했다. "첫 직장 다닐 때 인터뷰했던 한 스타트업 대표는 사용자를 직접 만나 불만을 듣는다고 했다. 이후 그렇게 해보니 피드백에 도움이 되었다. 토크 파티로 피드백을 얻을 수 있었고, 새로운 사업자도 만나는 등 네트워크가 구축된다. 그러면 이들을 또 취재하는 선순환이 이어진다. 물론 회사의 전폭적 지원이 있었기에 가능했다."

그는 "크리에이터들에게 많이 배웠다"는 점을 뜻밖의 수확으로 꼽았다. "크리에이터와 기자가 다르지 않다. 콘텐츠를 파는 일을 한다. 그들은 목표 의식이 있고, 어떻게 하면 잘 팔 수 있을지 쉬지 않고 고민하며 소통한다. 취재원들은 중국어를 공부하고 이용자가 모르는 춤을 요청하면 연습을 해서 선보였다. 이번 펀딩 결과는 아쉬운데, 더 연구해서 다음에는 내 콘텐츠가 더 잘 팔리도록 하고 싶다."

MCN 업계
'닐슨'을 꿈꾸다
스위즐랩스 이인영 대표

스위즐랩스는 MCN협회 소속이지만 콘텐츠를 직접 만들지도, 크리에이터를 매니지먼트하지도 않는다. 대신 MCN 업계를 '지원'한다. 유명 크리에이터의 영향력을 측정하고, 댓글과 커뮤니티 반응을 분석해 마케팅에 도움을 준다. 스위즐은 스틱으로 저어서 만드는 칵테일로 콘텐츠와 데이터를 섞어 인사이트를 만들어낸다는 의미다.

"MCN의 영향력, 광고주가 이해하기 힘들었다"

이인영 스위즐랩스 대표는 유튜브 영상의 플레이리스트를 만들고 공유하는 소셜서비스를 시작으로 뉴미디어 시장에 발을 디뎠다. "사실상 실패했다. 이미 무료인 콘텐츠를 갖고 이용자를 상대로 돈을 번다는 것이 쉽지 않더라. 4년 정도 일하다 그만두었는데, 이미 뉴미디어에 애착이 생겨 다르게 돈 버는 일을 찾았다."

이후 다양한 뉴미디어 사업자들을 만나며 시장의 문제점을 들여다봤다. 공통적인 고민이 있었다. 동영상 시장은 주목받았지만, 광고의 성장은 더뎠다. 연예인을 통한 방송 광고에 익숙한 제작자와 광고주가 이해할 만한 정보가 제공되지 못해 '갭'이 컸기 때문이다.

"광고주들이 크리에이터의 가치를 이해하지 못했다. 텔레비전에서 자주 언급되는 '양띵'과 '대도서관'이 아니면 유명하지 않다고 느낀다. 그나마 유명 크리에이터라고 하더라도 출연료를 3,000만~5,000만 원 정도로 부르면 '왜 이렇게 비싸요?'라는 답이 돌아온다. 높은 비용을 지급해야 한다고 느끼지 않는다."

그는 고민 끝에 '틈새'를 고안했다. 첫째, 데이터베이스화를 통해 광고업계에 MCN의 영향력을 증명하는 것. 둘째, MCN 콘텐츠 이용자의 반응을 분석해 마케팅 효과를 높이는 것. 이 아이디어를 기반으로 동료들과 함께 2015년 미국과 한국에 법인을 설립했다.

MCN 업계의 닐슨, 크리에이터 랭킹 시스템

스위즐랩스는 매일 '인플루언서 마케팅'을 위해 크리에이터 순위를 집계한다. 인터뷰 당시 1위는 게임 크리에이터 GAMST(감스트), 2위는 먹방 크리에이터 넘슈기였다. 랭킹은 유튜브와 아프리카TV에서 조회수, 추천 수 등의 데이터를 종합적으로 측정한다.

스위즐 랭킹이 MCN판 시청률조사기관의 역할을 하는 셈이다. 이 대표는 "기존 시청률조사기관의 방법론으로는 뉴미디어 시장에서 역할은 제한적"이라며 "랭킹 자체가 당장 돈이 되지 않지만, 시청률 측정과 마찬가지로 광고 단가 등을 책정할 때 기준점을 만들겠다는 취지"라고 말했다.

이 대표는 "이렇게 많은 크리에이터가 있고, 각각의 고객풀을 갖고 영향력을 발휘한다는 점을 알려주고 싶었다"면서 "광고주 입장에서도 크리에이터와 협업할 때 어떤 분야에 누가 있는지 매칭할 계획"이라고 설명했다. 랭킹 서비스를 선보인 이후 MCN 업체가 자사 크리에이터를 대상으로 랭킹을 뽑아달라는 의뢰를 하는 등 반응이 나타나고 있다.

댓글을 알아야 해답이 보인다

랭킹은 다각화할 계획이다. 지금은 정량적 데이터를 기반으로 하되 장기적으로는 댓글 같은 정성적 데이터도 추가로 분석할 계획이며 게임, 뷰티 등 분야별 세부 랭킹도 준비 중이다. 이 대표는 "모두가 아는 유명 크리에이터 외에 인지도가 낮더라도 좋은 콘텐츠를 만들면 주목받을 수 있는 지표를 만들 계획"이라고 강조했다.

스위즐랩스의 핵심 사업은 '인공지능을 통한 비전형 데이터 분석'

이다. 추천, 접속자 같은 전형적 데이터가 아니라 숫자로 나타내기 힘든 자료를 데이터로 가공해 마케팅에 활용한다는 것이다. 이는 크리에이터나 콘텐츠 제작사 입장에서는 콘텐츠 개선을 위한 '조언'이 될 수 있고, 광고주 입장에서는 '광고 효과'를 입증하는 근거가 될 수 있다.

이 대표는 "차별성을 고민하던 중 한국어 기반 텍스트 분석을 하는 박사를 데이터 과학자로 영입하면서 특화된 인공지능을 분석했다"면서 "뷰티, 게임, 쇼핑 등 성장하는 각 시장에 최적화된 언페어(차별적) 지식 베이스를 바탕으로 텍스트를 분석하는 것이 특별한 점"이라고 말했다. 그는 "콘텐츠 시장에서도 정량적 분석 서비스는 이미 많았기 때문에, 우리가 아무리 잘 만들어도 경쟁하기 힘들다고 생각했다"고 말한다.

콘텐츠 마케팅에 '이용자 반응'을 체크하는 것은 필수적이지만, 그

데이터를 분석해 MCN 업계를 지원하는 스위즐랩스 이인영 대표.

동안 체계적으로 이루어지지 않았다. "광고주나 콘텐츠 제작자나 댓글 반응을 살피지 않는 것은 아니지만 일일이 다 보기에는 시간이 많이 든다. 또 댓글을 본다고 하더라도 전체를 볼 수 없기 때문에 정확도가 낮았다. 이를 우리가 대신해주는 개념"이라는 것이다.

원리는 이렇다. 댓글 전체를 크롤링(읽어오는 작업)해 문장을 데이터베이스화한다. 자연어처리기술을 통해 키워드 단위로 쪼개고 키워드 사용빈도, 키워드 간 연관성, 키워드의 호감도 등을 분석한다. 결과 값을 구글 애널리틱스 방식으로 보여주며 '리포트'를 제시하거나,

	변동	크리에이터		영향력지수	카테고리	채널
		인플루언서 영향력 순위				
		스위클랩스의 마켓인사이트와 데이터 분석 알고리즘으로 매일 인플루언서들의 영향력지수를 뽑아 순위를 제공합니다.				
1	▲ 8		GAMST 감스트	101.9	Game	🔴 😊
2	▼ -1		님슈기	101.1	Food/Cooking	🔴 😊
3	▼ -1		A-뽀댕+	100.0		😊
4	▼ -1		대한건아턱형	99.3	Entertainment	🔴 😊
5	▼ -1		철구형 (CHULTUBE)	87.7	Entertainment	🔴 😊
6	▼ -1	BJ남순	[NS남순]	76.1		😊
7	▼ -1		이석현	71.1	Game	🔴 😊
8	▼ -1		권용한	69.1	Game	🔴 😊

크리에이터 랭킹. 랭킹은 유튜브와 아프리카TV에서 조회 수, 추천 수 등의 데이터를 종합적으로 측정한다.

분석 결과를 '데이터 전략가'들의 인사이트와 곁들여 마케팅에 대한 조언을 한다. 영어와 한국어 분석이 가능하고, 현재 중국어 버전도 개발하고 있다.

예를 들어 인기 크리에이터 도티가 쿠키런 게임을 플레이한 영상을 분석하면 댓글 3,000여 개에서 반복되는 빈도를 기준으로 단어를 추출한다. '도티', '레벨', '플레이', '쿠키런', '쿠키', '10(레벨)', '닉넴', '스킨' 등이 순서대로 나온다. '도티'라는 단어가 가장 많이 나온 점을 보면, 도티 콘텐츠의 특성인 크리에이터에 대한 '팬심'이 높다는 점을 알 수 있다. '쿠키'라는 단어가 부정적으로 나온 것은 게임의 보상 시스템에 대한 문제 제기일 수 있다.

딩고라는 브랜드를 운영하는 메이크어스의 경우 이슬라이브에서 2PM 콘텐츠를 제작했는데, 상위 키워드에 '술 냄새'나 '술자리'라는 키워드가 긍정적 의미로 자리 잡았다. 이 대표는 "영상을 현장감 있게 잘 만들었다는 의미"라고 말했다.

이 대표는 "지금은 의뢰를 받으면 분석해 리포트를 제공하거나, 추가로 마케팅에 조언하는 식"이라며 "현재 개발 중인 시스템이 도입되면 '영상 URL'만 입력하면 자동으로 분석 결과를 추출하고, '솔루션'을 만들어 인사이트까지 즉각적으로 제공할 수 있게 할 예정"이라고 덧붙였다.

스위즐랩스는 콘텐츠 댓글뿐만 아니라 커뮤니티 게시물도 분석한다. 이 대표는 "커뮤니티나 SNS 게시물을 통해 트렌드에 대한 마케팅에 활용할 수 있다"면서 "특정 크리에이터에 대한 언급이 갑자기 늘었는데 어떤 키워드와 연결되는지, 경쟁 브랜드와는 어떤 차이가 나는지를 광고주들이 알 수 있다. 뷰티 커뮤니티 데이터를 수집해 분석하는 모듈을 제작한다"고 말했다.

이 같은 비전형 데이터 분석은 다양한 시장에서 응용된다. 현재 게임 앱 리뷰 분석을 통해 어떤 버그가 자주 발생하는지를 파악하는 '버그 분류기'를 만들고 있는데, 이는 한 글로벌 게임 회사의 작업 의뢰가 계기가 되었다. 스위즐랩스가 분석한 결과 이 글로벌 회사에서 만든 게임의 특정 버그에 대한 불만이 높았고, 이 때문에 별점이 낮다는 것을 확인했다. 유독 한국에서만 이 버그에 대한 불만이 높았다. 해외에 있는 본사는 이 같은 보고를 받고도 신경 쓰지 않았지만, 이용자 반응을 분석해 제시하니 문제의 심각성을 알게 되어 보완했다.

국내 대형 금융사의 자동차 할부 금융 상품에도 스위즐랩스가 조언을 했다. 당시 이 회사는 배너 광고를 하는데 클릭률이 낮아 "신차 거래를 할 때 이용자의 생각이 무엇인지" 물었다. 스위즐랩스는 클리앙, 뽐뿌, 보배드림 같은 유명 커뮤니티의 자동차 게시판 글 200만 건을 분석했고 '와이프'라는 키워드가 자주 나오는 것을 파악했다. '가족', '잔고장', '와이프' 등이 연관성이 있는 단어였다. "차 사고 싶은데 와이프 허락받아야 한다", "와이프가 타려면 잔고장이 없어야 한다"

등의 글이 많았다.

"그렇다면 마케팅 포인트를 달리해야 했다. 지금까지 자동차 할부 금융 마케팅에는 주로 '이자율'만 언급되었다. 이자율 자체로는 차별 성을 두기 힘들고 중요하게 여기지도 않으니 '와이프가 좋아하는 기프 트', '부부동반 보험료 할인' 등의 마케팅을 하라고 조언했고 이를 검토 하고 있다."

이 대표는 "현재는 고객사와 적극적인 협업으로 페이스북, 인스 타그램 같은 소셜미디어상에서 트렌드 분석을 어떻게 같이할지 논의 중"이라며 "특히 뷰티 분야에서 이용자의 반응이 어떻게 나타나는지, 광고주에게 도움이 되었는지를 세부적으로 분석할 것"이라고 밝혔다.

이 같은 스위즐랩스의 서비스는 고가이기 때문에 규모가 큰 기업 이나 대형 콘텐츠 제작사들만 혜택을 볼 수 있는 점이 한계일 수 있다. 이 대표는 "현재까지 고객이 큰 회사 위주였지만, 세부적인 기능을 나 누고 일부 기능만 도입한 저가형을 개발해 장기적으로는 일반 크리에 이터들을 위한 상품을 내놓겠다"면서 "시장 전반의 성장과 발전을 도 울 것"이라고 강조했다.

제5장 귀로 듣는 MCN

팟빵이
제4차 산업혁명을 만나면?

팟빵 김동희 대표

〈나는 꼼수다〉에서 〈김용민 브리핑〉까지. 팟캐스트 플랫폼 팟빵은 한국 팟캐스트 시장과 동의어로 쓰인다. 그러나 '정치' 좋아하는 '아재' 들의 플랫폼이라는 한계도 있다. 김동희 대표는 누구보다 이를 잘 알 았다. 그는 "20대를 위한 콘텐츠를 늘리고 분야를 확대하는 것이 과 제"라고 밝혔다.

많은 사업자가 '영상'에 주목할 때 팟빵은 '음성'이라는 틈새를 노 렸다. 김동희 대표는 "결과론적으로 할 수 있는 이야기지만 모바일 시 대, 그리고 제4차 산업혁명 시대 음성 콘텐츠는 충분히 가능성이 있 다"고 강조했다.

Q 팟빵 서비스를 만들게 된 계기는 무엇인가?

"지금은 팟빵이 독립되어 있지만 원래는 '태그스토리'라는 회사에서 만든 서비스다. 2011년 〈나는 꼼수다〉가 나왔을 때 콘텐츠는 있는데, 서비스 공백이 컸다. 〈나는 꼼수다〉는 애플 아이튠즈로 서비스가 되었는데 당시에는 스마트폰 보급률이 높지 않았고, 애플 서비스를 쓸 수 없는 안드로이드 스마트폰이 더 많았기 때문이다. 이 틈새를 공략하는 서비스를 만들자는 생각이었다."

Q 팟빵의 성공 비결이 무엇이라고 생각하나?

"한국적인 로컬 서비스를 만드는 데 성공했다. 모든 팟캐스트 콘텐츠를 다 볼 수 있다는 점도 유효했다. 애플처럼 단순하게 팟캐스트를 그냥 모아서 보여주지 않고 순위 시스템을 도입하고, 청취자들이 소통할 수 있는 기능을 넣었던 점도 유효했다고 본다."

Q 팟캐스트가 민주당 지지 성향 청취자에게 인기가 많은 이유가 뭘까. 지금도 성공한 플랫폼이지만 타깃 확장이 과제라고 생각한다.

"〈나는 꼼수다〉의 영향이 크다고 생각한다. 김어준, 김용민, 정봉주, 주진우의 성향에 동의하는 사람들이 그때 많이 유입되었기 때문이다. 다만 〈노유진의 정치카페〉가 인기를 끈 이후 정의당 구독자도 적지 않게 유입되었다. 어느 당이 되었건, 보수라고 하더라도 콘텐츠가 흥하기만 하면 독자들이 올 것이라고 생각한다. 분야별로 보면 정치 분야가 상당수인데, 다변화가 필요한 것은 사실이다. 이와 동시에 현재 주 이용자가 35~45세인데 20대로 낮추는 것이 과제다. 20대를 겨

냥한 콘텐츠를 강화해야 한다."

Q 분야는 어떤 식으로 확장할 수 있을까?

"여전히 정치 분야의 비중이 높지만 카테고리가 확장되는 경향이 뚜렷하게 보인다. 지식 교양 콘텐츠나 출판사와 연계한 콘텐츠가 많다. 특히 어학 교육 시장의 성공 사례가 인상적이다. 〈일빵빵영어회화〉는 대표적인 성공 모델이다. 어학 교재에 CD를 끼워서 팔던 것을 팟캐스트를 통해 무료로 배포하고 역으로 책을 구입하게 만드는 시스템이 크게 성공했다."

Q 연예인이 출연하는 팟캐스트도 인기를 끌고 있다.

"기존 방송에서는 PD와 작가의 요구에 따라 자유로운 언행에 제약이 있었지만, 팟캐스트는 자유롭게 기획하고 진행할 수 있다는 점에서 동기 부여를 한 것 같다. 〈송은이 김숙의 비밀보장〉이 가장 성공했는데, 본인들의 만족도가 높았고 댓글에 일일이 답글을 다는 등 소통에도 적극적이었다. 〈정선희 문천식의 행복하십쑈〉는 MBC라디오에 편성되기도 했다."

Q 최근 기존 방송에서 역으로 팟캐스트의 형식을 차용하던데, 어떻게 보나?

"〈나는 꼼수다〉가 '정치 예능'이라는 분야를 만들었다. 방송처럼 보이지만 방송법 규제를 안 받다 보니 정치적 견해를 술자리에서 하듯 편하게 이야기한다. 정제되지 않은 데서 진정성과 재미가 나온다. 청취자는 오히려 그 점을 좋아한다. 앞으로 지상파 라디오도 이런 형태의 포맷을 가져갈 수밖에 없다고 본다. 물론 라디오는 기존의 형식과 룰이 절대적인데, 그것을 어느 정도 벗어나는 것이 중요하다. 그런 면에서 TBS 〈김어준의 뉴스공장〉은 파격적이다. 지상파라는 제도적 틀 안에서 어떻게 맛을 낼 수 있는지를 보여준다."

Q 심의가 최대 변수이지 않을까. 뉴미디어에 대한 내용 규제가 들어서면 가장 타격이 클 것 같은데…….

"어떻게 될지 장담은 못하겠지만, 팟캐스트든 아프리카TV든 이미 정보통신망법에 따른 규제를 받기 때문에 새로운 규제가 필요하다고 생각하지 않는다. 팟캐스트가 정치를 다룬다고 해서 반대쪽 정치세

제4차 산업혁명 시대, 음성 콘텐츠는 여전히 가능성이 있다는 팟빵 김동희 대표.

력이 규제할 수 있다는 우려가 있지만, 시대 흐름상 맞지 않다. 스피커를 가진 매체가 정부 통제하에서 룰을 따라야 한다는 것은 윤전기 돌리고 전파를 국가가 승인해주던 때 만들어진 예전의 방식이다."

팟빵 서비스 화면.

Q 최근 콘텐츠가 나오기 전에 강제로 뜨는 광고가 붙었다.

"2017년 초부터 오디오 광고를 붙였다. 10초 후에 스킵 버튼이 뜬다. 10초 넘게 보면 과금이 되고 광고주에게 배분되는 방식으로 유튜브의 광고 시스템을 응용했다. 그동안 인기 콘텐츠 중심으로 직접 광고를 수주하다 보니 순위 높은 콘텐츠에만 광고가 붙었다. 이제는 개별적인 광고주가 안 붙는 중하위권 콘텐츠에도 광고 배분을 할 수 있게 되었다. 불편하시겠지만, '내가 보는 방송을 위해 쓰인다'고 생각해주셨으면 좋겠다."

Q 이외에도 수익 다각화를 위해 어떤 준비를 하는지 궁금하다.

"팟캐스트 '제작대행' 등의 사업도 병행한다. 공기업이나 공공 기관 홍보 팟캐스트 제작을 팟빵이 대행하는 방식이다. 하반기에는 '콘텐츠 유료화'를 도입할 예정이다. 지식 교양 콘텐츠는 과감하게 유료화할 수 있다고 본다. 시사 정치 분야는 후원 성격으로 방송 도중에 혹은 마지막 10분 남겨놓고 후원을 촉구하며 과금하는 방식도 고려할 수 있다. 제작자에게 좋은 수익 모델이 될 것이다."

Q 유튜브처럼 빅데이터를 활용한 맞춤형 콘텐츠나 광고를 할 수도 있지 않나.

"팟빵 광고의 특징은 자영업자 비율이 높다는 점이다. 2016년 8월 기준 56퍼센트에 달한다. 곰탕집, 중고차 딜러 등 특정 지역에 한정되는 광고가 많다. 이용자 위치 정보를 통해 광고를 맞춤형으로 내보내는 것을 계획하고 있다. 경기도에 있는 곰탕집 광고라면 인근 접속자들에게 내보냈을 때 광고 효과도 높아지고 이용자에게도 불필요한 광고가 아니라 필요한 정보가 된다."

Q 콘텐츠와 관련한 서비스 개편 계획이 있는지 궁금하다.

"아직 팟빵은 콘텐츠를 개인화하는 데까지 발전하지는 못했다. 조만간 이용자들이 구독한 데이터를 바탕으로 머신러닝 기법을 통해 콘텐츠 추천 시스템을 선보일 계획이다. 이를 위해 청취자의 콘텐츠 소비 성향 데이터와 청취 시간 데이터를 모으고 있다. 청취 시간 데이터는 콘텐츠 제작자들에게도 개방할 계획이다. 구독자들이 내 콘텐츠 어느 부분에서 건너뛰는지, 끄는지 알 수 있어 효과적으로 분석할 수 있다. 이와 맞물려 순위 시스템도 조회 수가 아니라 청취 시간 기준으로 개편할 것이다."

Q '제4차 산업혁명'이라는 말이 유행처럼 퍼졌다. 장기적으로 봤을 때 팟빵은 이 변화의 흐름에 어떻게 맞춰갈 수 있을까?

"2016년부터 유행한 제4차 산업혁명 기기가 AI 음성비서인데, 콘텐츠를 소비하는 방식이 처음에는 모니터를 보며 타자로 입력했고, 이

254

후에는 터치로 입력했다. 이 두 가지는 보이는 대로 선택하면 되지만, 지금 음성 기기는 선택지를 나열한 다음 선택하는 방식이다. 이를 팟캐스트에 응용하면 여러 팟캐스트 리스트를 말해준 다음 선택할 수 있다. 과도기를 지나면 '소통을 할 수 있는 기기'가 될 것이다. '약속 시간까지 10분 남았는데, 이 팟캐 하이라이트를 보여줘'라고 질문을 던지면 콘텐츠를 자동 편집해 보여줄 수 있다."

Q 인공지능 기술에 접목하려면 콘텐츠를 지금처럼 음성 파일로만 올리지 않고 '메타데이터'(콘텐츠 내용에서 시간, 인물, 발언 등을 구조화한 데이터)로 가공하는 것이 필수적이지 않나?

"음성 콘텐츠는 영상에 비해 메타데이터 추출이 매우 쉽다. 이미 구글 등에서는 영상에서 나온 음성을 자동으로 텍스트로 바꿔주는 기술을 선보였다. 물론 완벽하지 않지만 기술이 보완되면, 바로 메타데이터를 추출할 수 있다. 자동으로 모든 팟캐스트의 말을 텍스트로 바꾸면 출연자가 누군지, 소재가 무엇인지 쉽게 알 수 있다. 그러면 'A 정치인이 게스트로 출연한 팟캐스트 틀어줘'라고 하거나 'B 법안에 대한 내용을 다룬 팟캐스트 틀어줘'라고 요구할 수 있다."

Q 사업에 진출하던 시기, 다들 영상 사업에 열을 올릴 때였는데, 왜 하필 음성 플랫폼을 개발했는지 궁금하다.

"오디오 시장은 결코 작지 않다. 라디오에만 한정하지 말고 음원 시장까지 포함해서 봐야 한다. 예나 지금이나 음성 시장은 일정한 비율로 항상 존재했다. 영상과 반대되는 개념도 아니다. 영상이 크게 뜨면 그만큼 오디오 시장도 같이 올라갈 수 있다. 최근 포털사이트나 통신사가 오디오 시장에 진출하면서 '오디오 시대가 왔다'고 하는데, 원래 있던 시장이 다시 조명받았을 뿐이다. 덕분에 '우리의 선택이 맞았다'면서 내부의 자신감은 올라가 있다."

팟캐와는 다르다,
1020 사로잡는 오디오 전략

마이쿤 최혁재 대표

"잘 자요"라고 하는 성시경의 감미로운 음성, "헛둘셋 하나둘셋"으로 들리는 〈배철수의 음악캠프〉의 오프닝 곡 〈Satisfaction〉. 자동 음성 지원이 될 정도로 라디오는 가장 친숙한 매체였다. 물론 과거형이다.

'음성' MCN을 외치며 동영상 중심의 디지털 콘텐츠 흐름에 '반기'를 든 사업자가 있다. 마이쿤이 운영하는 스푼라디오는 국내의 유일무이한 음성 MCN 플랫폼이다. 노래 부르고, 연기하고, 상담하는 등 다양한 음성 콘텐츠가 있다. 최혁재 대표는 "라디오는 죽지 않는다"면서 "오디오 콘텐츠만의 매력이 있고, 수요도 있지만 이걸 채워주는 서비스가 없었을 뿐"이라고 강조했다. 최 대표는 LG전자를 다니다 그만두고 스타트업에 도전했다.

스푼라디오는 2016년 2월 서비스를 시작했다. 스푼은 영화 〈그녀(Her)〉의 대사 중 "spoon me(나를 안아줘요)"에서 따왔다. 최 대표는 "스푼이 감싸는 모양이기 때문에 나온 표현"이라며 "따뜻한 마음 한 스푼, 위로 한 스푼을 더한다는 의미이기도 하다"고 말했다.

"라디오는 죽지 않는다"

음성 디지털 콘텐츠는 낯설다. 디지털 콘텐츠의 주 타깃인 젊은 세대는 라디오를 듣고 자라지 않았기 때문에 음성 콘텐츠가 더욱 생소하다. 최 대표는 "비디오는 정말 경쟁이 치열한데 왜 오디오를 하지 않는지 궁금했다"면서 "나는 라디오 세대다. 비디오를 보는 것과 라디오를 듣는 것은 상황이 다르고, 맥락이 다르기 때문에 차별성이 있다고 본 것이다. 다만 변화가 필요했을 뿐"이라고 말했다. 결과적으로 그의 선택이 맞았다. 네이버가 음성 서비스 베타 버전을 선보이며 음성 콘텐츠 시장에 진출했다. 페이스북도 라디오 서비스를 실시할 것으로 알려졌다.

음성과 영상은 무엇이 다를까. 최 대표는 "영상에 비해 자극적이지 않다. 노출하는 문제도 없고, 보여주기 식으로 오버액션하지 않아도 된다"면서 "대신 사람 대 사람으로서 진솔하게 감성이 전달되는 점"을 최대 강점으로 꼽았다.

크리에이터는 얼굴이 나오는 콘텐츠에서는 외모에 신경 쓸 수밖에 없고, 외모에서 밀리면 주목받지 못할 가능성도 크다. 반면 음성만 전달하는 플랫폼에서는 콘텐츠 자체로 승부를 볼 수 있다는 것이다. "아프리카TV에서는 외모가 뛰어나지 않아 주목받기 힘들어 방송하기 힘들었는데, 스푼에서는 잘할 수 있었다는 의견도 있다. 얼굴 노출이 없으니 신상 공개가 많이 되지 않고, 따라서 이용자 반응에 대한 부담도 줄었다."

최 대표는 "상상력을 자극한다"는 점도 음성 콘텐츠의 강점으로 꼽았다. 스푼라디오 콘텐츠 중에서는 성우 지망생들이 만든, 드라마나 영화의 명장면을 재현하거나 시나리오를 만들어 극을 꾸민 콘텐츠도 적지 않다. "화면에서 보여주는 것이 아니라 음성을 들려주고, 구체적인 것은 머릿속으로 상상하게 하는 것이 또 다른 매력"이라는 것이다.

스푼라디오는 가시적 성과를 냈다. 서비스 첫날 올라왔던 콘텐츠는 단 2개였으나, 지금은 하루 1,000여 개 콘텐츠가 올라오고, 한 달에 방송을 1회 이상 하는 크리에이터가 4,000여 명을 넘어섰다. 톱 크리에이터는 스푼라디오 콘텐츠만으로 월 300만 원 이상 벌고 있다. 돈을 버는 방식은 아프리카TV의 별풍선과 같은 개념인 스푼을 선물하는 식이다.

"시사는 안 통해" '팟빵'과는 다른 일상 콘텐츠

국내에는 팟빵이라는 공고한 팟캐스트 플랫폼이 있지만, 최 대표는 "엄연히 다른 서비스"라고 강조했다. "팟빵은 시사 팟캐스트 중심이다. 우리 플랫폼에도 정치 사회를 다루는 콘텐츠가 있었는데, 이용

스푼라디오 서비스 화면.

자 반응이 좋지 않아 빨리 밀렸고 지금은 거의 찾아볼 수 없다."

스푼라디오에는 20대 이용자가 90퍼센트쯤이며, 10대와 30대는 각각 5퍼센트 수준이다. SNS를 주로 이용하는 세대가 그것으로 소통하는 것을 음성으로 옮긴 식이다. 이들은 소소한 일상 이야기를 듣거나 스낵컬처를 선호한다. 실제로 인기가 많은 콘텐츠도 일상 콘텐츠다. 가장 인기 있는 크루인 FM데이는 사연을 듣고, 일상을 이야기하고, 고민을 상담한다.

최 대표는 "팟빵은 돈을 벌 수 있는 방법이 편하게 구현되어 있지 않다"고도 지적했다. 콘텐츠를 올리는 쪽에서 등록해야 하고, 직접 편집하고 업로더를 통해 올려야 한다. 그러나 스푼라디오는 핸드폰에서 녹음 버튼 하나로 방송을 시작해 콘텐츠를 올릴 수 있다는 점이 다르다. "집에 가는 길, 지하철, 차 안에서 방송하는 분들도 있다. 쉽게 만들 수 있는 것도 중요하다"는 것이다.

특정 방송에 접속해보니 크리에이터가 "○○님 안녕하세요"라며 말을 건다. 채팅으로 자기소개를 할 때도 있다. 사연을 소개하고 음악을 선곡하는 콘텐츠는 라디오와 유사하지만, 취향이 맞는 이들과 직접 소통한다는 점에서 다르다. "라디오는 단방향이지만, 우리는 양방향이다. 라디오는 방송사에서 제작하기 때문에 수십만 명을 위해 방송하지만, 우리는 소수에게만 맞는 방송을 한다. 이들을 일일이 챙기면서 소통할 수 있다. 나를 반겨주고 알아주는 방송이 있구나 하면서 좀더 귀 기울이게 된다."

최 대표는 "처음에는 신분을 속이고 방송을 해봤다. 영화를 좋아해서 영화 이야기를 했는데, 시간이 금방 갔다"며 "전문성이 있지 않아도 개인과 개인의 대화가 곧 콘텐츠가 되고, 이게 수익까지 난다는 점이 이상적"이라고 밝혔다.

음성형 웹툰 실험, 제2의 레진코믹스 될까?

스푼라디오는 음성으로 할 수 있는 모든 것을 시도한다. 대표적인 것이 웹툰을 음성으로 바꾼 오디오툰 서비스다. 레진코믹스처럼 1~2회는 무료로 듣고, 본격적으로 들으려면 과금하는 방식이다. 대표작은 30대 웹툰 작가의 이야기를 담은 〈85년생〉과 동명의 드라마로 제작된 〈동네 변호사 조들호〉다. 현재 20여 작품이 연재 중이다.

오디오툰 콘텐츠는 마이쿤과 컨소시엄을 맺은 미디어피쉬라는 콘텐츠 제작사가 성우, 작가를 섭외해 만든다. 재담미디어라는 웹툰회사와 협의해 IP(지적 재산권) 문제를 해결한다. 최 대표는 "레진코믹스 서비스가 나온 뒤 많은 웹툰 작가들이 활동할 수 있는 생태계가 마련되었다. 우리도 성우 지망생들을 위한 유사한 생태계를 만드는 것이 목표"라고 설명했다.

이용자들이 한마디씩 이어 말하며 만드는 콘텐츠 스푼톡도 있다. 노래를 한 소절씩 이어 부르거나, 영화 속 대사를 다양한 버전으로 따라 하는 것인데 인기가 많다. "스푼톡을 만든 이유는 이용자들이 참여하게 유도하는 것이다. 한번 말해보면 '나도 한번 방송해볼까?' 하는 생각이 들고, 콘텐츠를 만들고, 사람들과 관계를 맺고 정식 방송까지 쉽게 만들도록 유도된다."

스푼라디오는 전체 이용자 대비 콘텐츠를 만드는 이용자 비율이 10퍼센트가 넘는다. 그만큼 적극적이다. "해외 유사 서비스에서는 3퍼센트 정도가 참여하니까, 우리는 꽤 높은 편이다. 지속해서 참여하게 하고 방송하게 만드는 요인이 중요하다"고 최 대표는 설명했다.

콘텐츠 제작과 달리 플랫폼은 새로운 사업자가 도전하기 힘든 사업이다. 디지털 콘텐츠 업계에서도 포털사이트나 대기업 등이 플랫폼 우위를 점하고 있기도 하다. 최 대표는 "플랫폼이 가장 힘든 사업이지만, 그만큼 사업이 잘되면 서비스가 더 오래가고 더 흥할 수 있다"고

오디오계의 유튜브를 꿈꾸는 마이쿤 최혁재 대표.

전한 뒤 "국내만으로는 힘든 면이 있다. 그래서 메이저 오디오서비스가 없는 아시아에 기회를 엿보고 있다"면서 "'오디오계의 유튜브'가 되는 것이 목표"라고 강조했다.

MCN 비즈니스와 콘텐츠 에볼루션
ⓒ 금준경, 2017

초판 1쇄 2017년 8월 30일 찍음
초판 1쇄 2017년 9월 5일 펴냄

지은이 | 금준경
펴낸이 | 이태준
기획 · 편집 | 박상문, 박효주, 김예진, 김환표
디자인 | 최진영, 최원영
관리 | 최수향
인쇄 · 제본 | 대정인쇄공사

펴낸곳 | 북카라반
출판등록 | 제17-332호 2002년 10월 18일

주소 | (04037) 서울시 마포구 서교동 392-4 삼양E&R빌딩 2층
전화 | 02-325-6364
팩스 | 02-474-1413

www.inmul.co.kr | cntbooks@gmail.com

ISBN 979-11-6005-034-9 03320

값 14,000원

북카라반은 도서출판 문화유람의 브랜드입니다.
이 저작물의 내용을 쓰고자 할 때는 저작자와 문화유람의 허락을 받아야 합니다.
파손된 책은 바꾸어 드립니다.

이 도서의 국립중앙도서관 출판예정도서목록(CIP)은 서지정보유통지원시스템 홈페이지
(http://seoji.nl.go.kr)와 국가자료공동목록시스템(http://www.nl.go.kr/kolisnet)에서
이용하실 수 있습니다.(CIP제어번호 : CIP2017021106)